Internal Family Systems Therapy

한 걸음씩 회복으로 이끄는 친절한 안내서

섭식장애를 위한
내면가족시스템치료(IFS)

Internal Family Systems Therapy

한 걸음씩 회복으로 이끄는 친절한 안내서

섭식장애를 위한
내면가족시스템치료(IFS)

에이미 얀델 그래보스키 지음

백윤영미 · 이정규 옮김

사우

추천사

    섭식장애 클리닉을 시작한 지 27년이 되었다. 그런데도 여전히 섭식장애는 이해하기 힘들며 치료하기 복잡하고 까다로운 질환이다. 아마도 섭식장애를 갖고 있는 내담자의 마음속이 참으로 복잡하기 때문이리라.

    마음이 복잡하다는 것은 마음속에 서로 다른 목표를 지향하는 다양한 부분(혹은 파트 혹은 자아상태)이 있다는 것을 의미한다. 내담자의 마음속에는 폭식 구토에서 벗어나고 싶은 마음의 부분이 있는 반면, 폭식 구토를 계속해야 하는 마음의 부분도 존재한다. 다이어트를 악착같이 해야겠다는 부분이 있는 반면, 외로울 때마다 음식을 먹고 싶은 부분이 존재한다. 착한 딸이 되어 관심을 받고 싶은 부분이 있는 반면, 원망과 분노를 자주 폭발하는 부분도 존재한다.

    이렇듯 마음속에 복잡한 갈등이 내재되어 있어서 증상이 쉽게 사라지지 않는 것이다. 이런 내담자에게는 이미 효과가 입증된 여러 치료 방법을 동원해도 효과가 제한적일 수밖에 없다. 증상이 사라지는 것을 두려워하는 마음의 부분들이 강하게 저항하기 때문이다. 일시적으로 증상이 완화되기도 하지만, 다시 재발하는 경우가 허다하다.

IFS에서는 인간의 내면이 원래 하나의 인격체가 아니라 여러 부분으로 자연스럽게 구성되어 있는데, 어린 시절의 부정적 경험이나 트라우마로 인해 부분들이 극단적으로 되면서 여러 가지 문제와 증상을 일으킨다고 설명한다. 이러한 관점은 섭식장애 환자를 이해하는 데 많은 도움을 준다. 즉 감당하기 힘든 트라우마나 압도적인 감정을 담고 있는 추방자 부분을 보호하기 위해 과도한 다이어트, 완벽주의, 외모에 집착하기, 다른 사람 돌보기, 자기비난 등과 같은 관리자 부분들과 폭식, 구토, 자해 같은 소방관 부분들이 섭식장애 증상을 유지하고 있는 것이 비로소 보이기 시작한다. 겉으로 드러나는 증상을 없애려고 하면 이 부분들은 사라지지 않기 위해 있는 힘을 다해 저항할 수밖에 없는 것이다.

섭식장애 내담자의 과거력에는 크고 작은 트라우마가 숨겨져 있다. 그들의 삶이 '트라우마의 용광로'와 같다는 비유는 지나치지 않다. 최근 섭식장애 환자를 돕기 위해 트라우마 정보에 기반을 둔 치료적 접근이 주목을 받고 있다. 그런 와중에 이 책이 출판되어 무척 반갑다.

저자는 오랜 임상 경험을 통해 얻은 지혜를 바탕으로, 내담자가 스스로 자신의 내면에 존재하는 참나(self)와 여러 부분을 이해하고 회복에 집중하도록 구체적인 방법을 제시하고 있다. 이 책이 섭식장애가 있는 내담자는 물론이고 그들의 회복을 돕는 전문가에게도 큰 도움이 되기를 진심으로 바란다.

김준기(정신과 전문의, 마음과 마음 식이장애 클리닉 원장)

추천사

이 책은 나에게 큰 기쁨을 주었습니다. 저자가 많은 이들을 섭식장애에서 완전히 회복시키는 놀라운 치유법을 쓰고 있었으니까요.

저자는 무의식의 부분들이 더 강한 '참나'의 지휘를 받는 팀으로 활동해야 효과를 볼 수 있다고 설명합니다. 저자 에이미는 부분들을 기능에 따라 멘토와 지지자와 어린아이로 분류합니다. 당신 안에는 그런 부분들이 없다고요?

자, 간단한 설명을 해보겠습니다. 어린 시절로 돌아가보죠. 주방에 혼자 있는데 손닿는 곳에 과자가 놓여 있어요. "저녁 먹기 전에 과자는 안 돼!" 어머니의 목소리가 크고 또렷하게 들리지 않았나요? "엄마는 절대 모를 거야!"라고 말하는 또 다른 목소리도 있지 않았나요? 그 두 목소리가 실랑이를 벌이지 않았나요? 그 싸움은 길었나요, 짧았나요? 누가 이겼나요?

우리의 참나가 결정을 담당할 때만 현명한 결과를 얻을 수 있다고 저자는 말합니다. 사람이 성장하면서 부분들 사이의 갈등은 더 복잡하고 해결하기가 어려워집니다. 따라서 현명한 의사결정자가 되려면 강하고 잘 발달한 참나가 필요합니다. 참나가 희생될 때 굶기, 폭식, 알코올, 약물, 자신을 드러내지 않는 태도^{self-effacement}, 자기혐오와 같은 건강하지 못한 행동을 하게 됩니다. 그러면 현명하게 결정하고 행동하는 자신감 있고 건강한 사람으로 성장하기 어려워집니다.

나는 참나를 세우고, 내면의 부분들과 함께 일하는 것이 정말 좋은 생각이라고 생각합니다. 왜냐고요? 첫 번째 이유는 저자가 이 치료법으로 완전히 회복되었기 때문입니다. 두 번째는 내가 탐색한 다양한 섭식장애 치료법에 대한 신념 때문입니다. 어느 학회에서 리처드 슈워츠 박사가 내면가족시스템치료법에 대해 발표했습니다. "뭐, 또 다른 가족치료 변종이구먼." 처음에 나는 이렇게 생각했습니다. 하지만 발표 비디오에 나온 환자가 문제에 온전히 집중하는 모습을 보고 깜짝 놀랐습니다.

많은 환자가 IFS로 섭식장애에서 완전히 회복되었다고 보고합니다. 이 책의 저자도 동일한 접근법을 사용하고 있지요. 저자는 자신의 치료사가 이 방법을 썼기 때문에 자신이 완전히 회복할 수 있었다고 확신합니다.

이제 많은 환자와 치료사가 이 흥미로운 책에 나오는 명쾌한 개념을 활용할 수 있을 것입니다.

비비안 한센 미한* Vivian Hansen Meehan, RN, DSc
국립거식관련장애협회(ANAD) 설립자이자 전 회장

---

* 미국에서 섭식장애 치료의 창시자/어머니로 불린다. 1974년 대학생이던 딸이 "살이 빠지고, 먹지 않고, 자신이 뚱뚱하다고 확신"하는 증상을 보이자 치료법을 찾아 나섰다. 폭식증과 거식증으로 고통 받던 많은 사람이 그녀 덕에 목숨을 건졌다. – 역자 주

옮긴이의 말

이 책을 기다리는 분들이 많으니 하루라도 출간을 앞당기고 싶었다. 출판사 편집자와 공역자에게 간곡히 사정을 이야기하고 동의를 얻었다. 나를 신뢰해주는 두 분 덕분에 빡빡하게 일정이 잡혔고, 번역 초고도 금세 나왔다. 이제 두세 달 뒤면 서점 신간 진열대에 이 책이 놓여 있을 것이다.

정말 그렇게 될 줄 알았다. 내 안의 소인격체들이 전쟁을 치르고 있다는 것을 인식하기 전까지는.

출판사에서 빠르게 편집을 진행해 교정본을 보내주었다. 서둘러 교정 작업을 마치고, '옮긴이의 말'을 써서 보내야 하는 상황이었다. 그런데 나는 약속한 마감시간을 한참이나 넘기고도 그리 급하지 않은 업무를 붙잡고 있었다. 여유가 생기면 책상 앞에 앉는 대신 침대에 누워서 영화, 드라마, 유튜브 동영상을 보고 또 보다가 잠들어버리기 일쑤였다. "괜찮아. 내일 하면 되지 뭐." 그 '내일'은 6개월째 오지 않았다.

어느 새벽, 잠자던 나는 누군가에게 한 대 걷어차인 사람처럼 벌

떡 일어났다. 숨이 거칠게 날뛰고 어디론가 떠내려갈 것 같은 몸을 붙잡기 위해 두 발을 바닥에 힘껏 붙여야만 했다. 심호흡을 하며 내 안의 중심이 어디인지 찾으려고 집중했다. 차츰 정신이 맑아지고 몸이 고요해진다. 그러자 이 날벼락에 대한 호기심이 중심에서 올라온다. 지금 어떤 '부분'들이 내 의식을 지배하는가? 눈과 귀가 안으로 향한다. 비로소 내 머릿속과 가슴을 드나드는 모든 목소리가 들리고 보이기 시작했다.

역자로서의 소임을 완벽하게 해내고 싶어 하는 부분과, 출간을 앞당기고 싶어 하는 조급한 부분이 충돌하면서 이에 대응하는 다른 부분들이 글쓰기 작업을 최대한 미루게 한 것이었다. 이러한 내면 갈등은 무의식 깊은 골짜기로 쫓겨나 있는 상처 입은 어린 부분과 연관되어 있다. 세상에 '내 것'을 내놓았을 때, 칭찬받거나 노력을 인정받는 대신 수치심과 쓰라린 무능감을 맛보아야 했던 기억이 많다. 그 과거 속에 갇혀 있는 어린아이를 보호하고 다시는 그 아이의 감정이 내면시스템을 어둡게 물들이지 않도록 보호하는 방식이었던 것이다.

부분들의 두려움과 고통을 온전히 알아차리게 되자 뜨거운 눈물이 흘러내렸다. 나의 내면에 대해 '아는 것'이 아니라 '경험하는' 순간이었다. 그들 하나하나에게 내가 여기 있다고, 너희들의 목소리를 듣고 있다고 알려주었다. 같이 힘을 모아 문제를 해결하자고 말하자 어떤 부분은 그게 가능할지 의심하고, 어떤 부분은 안도한다. 나의 치유는 이렇듯 여전히 여정 속에 있다. 이 여정에 IFS라는 이름의 최신형 네비게이션을 장착했으니 정말 든든하다.

IFS는 삶의 운전대를 '부분'이 아니라 '참나'가 잡을 때, 삶의 여정이 더 안전하고 평화로울 수 있다는 것을 안내하는 치료법이다. 1982년에 미국의 부부 및 가족 치료사인 리처드 슈워츠 박사가 개발했다. 슈워츠 박사는 섭식장애 청소년들을 치료하는 과정에서, 내담자들이 자신의 '다양한 부분들'과 내면의 대화를 하는 데서 이 치료법을 착안했다고 한다.

"우리는 영적 체험을 하는 인간이 아니라, 인간 체험을 하는 영적 존재이다."

_피에르 떼이야르 드 샤르댕

나는 2013년에 자아초월상담학 전공으로 석사과정을 마친 직후 IFS를 처음 접했다. 졸업 후 배운 것을 어떻게 적용해야 할지 도구가 없어 막연했는데, IFS는 내가 가졌던 모든 의문에 친절한 답을 주었다. 왜 인간을 '인간 체험을 하는 영적 존재'라 했는지를 '참나'와 '부분'의 개념을 통해 비로소 명확하게 설명할 수 있게 되었다.

이처럼 내면에 대한 새로운 인식을 가지고 치료현장에 설 때, 나는 IFS가 얼마나 섬세하고 친절하면서도 강력한 치유의 도구인지 생생하게 경험할 수 있었다. IFS 치료는 치료사가 내담자의 참나를 신뢰할 때만 가능하다. 치료사가 치료의 모든 것을 혼자 책임지고 주도할 필요가 없으며, 때로 치료사의 역할은 내담자의 참나를 이끌어내고 그것을 지지하는 것만으로도 충분함을 배워가고 있다.

현재 전 세계 IFS 선구자들이 쓴 훌륭한 저서가 봇물 터지듯 쏟아져 나오고 있다. 그 많은 책 중에서 역자들이 특히 이 책에 주목한 이유는 젠더 신념이 빚어내는 사회적 문제에 특별한 관심을 갖고 있기 때문이다. 섭식장애로 고통을 겪는 분 중에는 성폭력과 가정폭력 등 젠더폭력으로 인한 트라우마 생존자들이 있다. 실제 사건이 오래전에 끝났더라도 생존자들의 피해 경험은 내면에서 그리고 신경계 차원에서 반복적으로 재연된다. 이 사회가 생존자들의 몸속에 남아 있는 트라우마의 결과에 대해 너무도 무지하기에 생존자들의 고통은 더욱 가중된다. 음식과 몸을 통제하는 것이 잠시라도 그 고통에서 벗어나는 유일한 방법이었다고 생존자의 '부분'들은 입을 모은다. 생존을 위해 자신이 아는 모든 방법을 동원해 최선을 다한 그 부분들에게 이해와 감사를 보낸다. 참나의 에너지를 회복하여 생존자들이 몸 안에서 살아가는 새로운 방법을 찾기를 기원한다. 그간 "섭식장애엔 답이 없다"며 체념과 무력감을 느껴왔던 치료사들에게도 이 책이 희망이 된다면 더할 나위 없이 기쁘겠다.

이 책은 섭식장애에 초점이 맞춰져 있지만 대부분의 사람들 내면에서 일어나는 갈등, 즉 양극화 문제의 본질이 무엇인지, 어떤 양상으로 나타나는지 탁월하게 설명해주고 있다. 섭식장애는 음식의 문제가 아니라 내면의 공허함과 아픔을 피하려는 데서 온 것이기 때문에 이 책은 각종 중독이나 자기 파괴적인 행동으로 고통 받고 있는 이들에게도 도움이 될 것이다.

역자들은 수년간 IFS를 함께 익히며 치유의 길을 걸어왔다. 덕분에 참나 상태에서 상대의 부분들을 있는 그대로 바라보고 지지할 수 있는 힘이 커지고 있다. 감사할 따름이다.

이 책이 우리말로 세상에 나오기까지 많은 분의 도움이 있었다. 출판권을 가져오는 데 힘을 보태주신 김시형 님, IFS 공부모임에서 설익은 초고를 함께 읽으며 출간을 응원해주신 노원, 박경수, 신소영, 최문희, 허진화 님께 깊은 감사를 전한다. 역자들을 신뢰하고 이 책의 가치를 알아봐주신 도서출판 사우의 문채원 대표님께 감사와 존경을 보낸다.

무엇보다 힘든 시간을 통과하던 그 순간에 참나의 에너지로 아름답게 빛나던 나의 내담자들에게 감격 어린 동지애를 전하며….

2021년 새봄
백윤영미가 이정규와 뜻 모아!

차례

머리말

섭식장애와 회복에 관한 책과 이론은 다양하다. 이 책은 선배 연구자들과 치료사의 책과 이론에 많은 부분 빚지고 있다. 앞선 연구에 힘입어 나는 스스로 섭식장애에서 회복됐을 뿐만 아니라 30년간 섭식장애가 있는 사람들을 관찰하고 치료했다. 이 책은 그간의 연구와 치료 경험을 정리한 것이다. 통합적인 관점으로 글을 쓰는 디팍 초프라 박사의 말을 내 식으로 표현하자면, "나는 그저 샤워 중에 노래할 뿐이야. 누구든 듣고 싶은 사람이 있다면, 그걸로 좋아."

나는 30년 동안 내담자가 섭식장애에서 회복하도록 돕는 과정에서 많은 변화를 보았다. 1986년 내가 만난 내담자들은 대체로 젊은 백인 이성애자에 시스여성*으로 중산층이나 상류층 기독교인 또는 유대인 출신이었다. 지금은 모든 연령대, 민족, 인종, 사회경제 수준, 종교, 성적 지향, 젠더 정체성을 가진 내담자들을 만난다. 도움을 받으려 나서는 내담자들이 더 다양해졌을 뿐만 아니라, 불행히도 섭식장애가 사회 구석구석으로 퍼져나가고 있다.

이 책에서 당신은 내 이야기와 더불어 내가 상담한 많은 내담자의 경험을 만나게 될 것이다. 일부 사례는 여러 내담자를 합성한 것이고, 어떤 사례는 임상 노트에서 그대로 인용한 것이다. 자신의 이야기를 들려준 사람들의 사생활을 보호하기 위해 모두 이름을 바꾸었다. 인칭대명사는 남성 내담자를 제외하고는 모두 여성으로 사용하였다. 내담자에 관한 개인 정보는 섭식장애나 회복 과정과 연관이 있는 경우에만 드러냈다.

나를 찾는 대다수 내담자는 트라우마 생존자로, 특히 성적 학대 트라우마 생존자가 많다. 성적 학대의 상처를 치유하는 엄청난 일을 이 작은 책에 충분히 담아내기는 어렵다. 성적 학대의 치유 여정은 고통스럽고 길지 모르지만, 온전한 회복이 가능하다고 생존자들에게 분명하게 말하고 싶다. 성적 학대 생존자는 성적 학대 치료 경험이 있는 자상한 전문치료사와 함께 작업할 것을 추천한다.

이 책은 자신이 섭식장애가 있다는 사실을 알고 있거나 섭식장애로 고생하는 분들을 위한 것이다. 많은 신체·정신적 질병이 섭식장애와 비슷한 증상을 보이기도 한다. 그런 분들은 회복 프로그램을 시작하기 전에 의사를 만나 검진을 받아보기를 추천한다.

독자의 질문이나 제안, 피드백을 언제든지 환영한다.

나마스테,
에이미 얀델 그래보스키
http://www.awakeningcenter.net/

---

* 심리문화적 성별^{gender}과 생물학적 성별^{sex}이 동일한 사람을 시스젠더^{cis-gender}라 한다. 트랜스젠더에 대응해 1990년대에 만들어진 개념. – 역자 주

1

회복에 필요한 두 날개

나는 당신을 안다. 물론 당신을 만난 적은 없다. 내가 당신을 안다고 말한 이유는 당신과 똑같은 처지였기 때문이다. 나는 당신이 지금 있는 곳에 있었다. 당신이 하는 일을 나도 했다. 당신이 하는 생각을 나도 했고, 당신의 고통을 나도 겪었다. 나도 당신이 느끼는 혼란과 씨름했다. 내면의 텅 빈 공허함을 경험했다. 삶이 통제를 벗어난 것 같은 그 느낌을 나도 자주 느꼈다. 나도 답을 찾으려고 노력했고 여러 번 재발했다. 회복에 필요한 두 날개를 찾기 전까지는.

나의 이야기

돌이켜보면, 나는 살면서 음식이나 내 몸과 '정상적인' 관계를 맺은 적이 없는 것 같다. 섭식장애라는 어두운 나락으로 떨어지기 시작한 건 20대 초반이었다. 불행하게도 나는 아주 어렸을 때부터 나라는 존재 자체가 불만족스러웠다. 모든 면에서 나 자신이 통제 불능이라 느끼고 비참할 때가 많았다. 모든 사람이 타고난 자질이 나에게는 부족하다고 여겼다. 나는 '~인 척하는' 연기를 잘하게 되었다. 그게 뭔지도 모르면서 내 부족한 점을 사람들이 알게 될까 봐 두려웠다.

대학 졸업 후, 겉으로는 좋은 직장과 안정된 결혼생활 등 모든 것을 가진 것처럼 보였다. 하지만 속은 완전히 공허하고 허무했으며 결함투성이에 자기혐오로 가득했다. 나는 나 자신을 견딜 수 없었고, 다른 사람도 나를 견딜 수 없을 거라 확신했다. 그러던 어느 날, 우연히 내 인생을 완전히 바꿔줄 것 같은 다이어트 비법을 발견했다. 가능한 모든 방법을 동원해 살을 빼는 데 주의를 집중하느라 내 문제에서 주의를 돌릴 수 있었고 한동안은 살 만했다.

하지만 얼마 후 섭식장애가 내 세상을 점령했다. 뭘 먹을 건지, 언제 먹을 건지, 몸무게는 얼마인지 생각하고, 자제력을 잃을까 봐 걱정하는 데만 온 신경이 집중되었다. 그러다 보니 스트레스로 인해 상황이 더 나빠졌다. 깊은 협곡 위에서 줄을 타는 것처럼 끔찍하게 무서웠다. 덫에 갇힌 기분이었고, 어떻게 하면 빠져나갈 수 있는지 알지 못했다.

섭식장애와 싸운 시간은 영원처럼 길게 느껴졌다. 결국 나는 포기했다. 완전히 절망하고 낙담했으며 흠씬 두들겨 맞은 느낌이었다. 급기야 병원에 입원했다. 병동에서 섭식장애가 있는 환자는 내가 유일했다. 그 사실을 알고 나는 더 실망했다. 주치의는 친절하고 자상해서 우리는 잘 지냈다. 하지만 그녀는 섭식장애 치료에 대해 아는 것이 별로 없었다.

나의 부분들을 만나다

나는 바람직한 환자였다. 상담할 때는 치료사가 듣고 싶을 거라고 생각하는 말을 쾌활하게 했다. 2주 뒤, 입원할 때와 달라진 게 전혀 없다고 느끼고는 절망감과 체념으로 몸부림치고 있었다. 어느 세션에서 나는 마침내 내가 쓰고 있던 '명랑한 허울'을 벗어버리고 진짜로 어떤 느낌인지 말했다. "두려워요. 어떤 부분은 결코 회복할 수 없을 것 같아 절망스러워요. 정말로 회복되지 못하면 어쩌죠? 이 상황을 극복하지 못하면 어떡하죠?"

"당신이 절망적으로 느끼는 그 부분이요, 그 부분은 어떤 느낌인가요?" 주치의가 온화하게 물었다.

나는 눈을 감고 긴 갈색 말총머리에 파란색 잠옷을 입은 '어린 소녀'를 묘사했다. 그 아이는 아주 어렸고, 어릴 적 우리 집 부엌 바닥에 앉아 개한테 매달려 있었다. 아이는 겁에 질려 울고 있었다.

"좀 더 나아지길 원하는 다른 부분도 있나요?" 주치의가 물었다.

미심쩍었지만 나는 잠시 집중했다. 놀랍게도 한 여성이 내게 나타났다. 그녀는 길게 흘러내리는 천사 같은 물빛 드레스를 입고 자신감 있는 모습으로 서 있었다. 주치의가 이끌어주는 대로 나는 그 여성에게 내가 어린 소녀를 돌보고 싶은데, 도와줄 수 있는지 물었다. 그녀는 고개를 끄덕이고 미소를 지었다.

그 여성과 대화를 나눴다. 그녀는 나의 회복을 돕겠다고 약속했다. 세션이 끝날 무렵 어린 소녀는 차분해졌고, 겁에 질려 있지 않았다. 아주 오랜만에 보살핌을 받는 느낌이었다. 혼자라는 느낌이 들지 않았다.

그렇게 해서 내 안의 부분들과 함께 작업하는 여정이 시작되었다. 주치의와 나는 많은 부분을 발견했다. 우리는 함께 모든 부분과 부분들 사이에서 수많은 대화를 나누었고 천천히 부분들의 이야기를 알게 되었다. 시간이 지나면서 부분들은 자신이 나를 위해 무엇을 하려고 했는지, 그 여성에게서 무엇을 얻고자 하는지 밝혔다. 자신의 이야기를 들어준다고 느끼자 부분들은 서로 싸우는 것을 멈췄다. 그 여성과 부분들과 나는 한 팀이 되었다.

중요한 것은 내가 그 여성을 찾은 것이다. 그녀는 내면 깊은 곳에 존재하는 강인하고 평화롭고 지혜로운 느낌, 즉 '참나'였다. 참나를 만난 후 나는 난생처음으로 평온함을 느꼈다. 나는 나로 존재해야 하는 사람이었다. 비로소 내가 진짜라고 느꼈다!

회복에 필요한 두 날개

이 지점에서 당신은 이렇게 말하고 싶을지도 모르겠다. "선생님에게 평온함을 준 그 마법이 뭐죠? 알고 싶어요!" 아니면 "선생님의 접근법은 회복에 관한 다른 책과 어떻게 다르죠?"라고 묻고 싶을 수도 있다.

간략하게 말하면, 회복에 필요한 두 날개가 제자리를 찾을 때까지 나는 회복될 수 없었다. 내가 섭식과 몸무게에만 집중하는 한, 회복하고자 하는 노력은 물거품이 되고 말았다. 섭식과 몸무게만 신경 쓰고 참나를 찾지 않는다는 것은 뇌종양으로 인한 두통에 아스피린을 먹는 것과 같다. 근본적인 원인이 해소되지 않으면 증상과 행위는 계속 반복되기 마련이다.

회복에 필요한 두 날개란 무엇인가? 간단히 말하면 한쪽은 섭식, 몸무게, 몸과 화해하는 것이다. 다른 한쪽은 참나를 찾고 부분들과 화해하는 것이다. 참나와 부분에 대해서는 2장에서 더 배우게 될 것이다.

섭식과 몸무게처럼 회복에 필요한 한쪽만 다루면 늘 긴장되고 날이 서고 경직되고 부자연스럽고 불편할 것이다. 항상 먹는 일로 고군분투할 것이다. 두 손으로 큰 소프트볼을 잡고 있다고 생각하고 손가락을 구부려 손가락 끝이 서로 맞닿도록 해보자(그림 1.1 참조). 어떤 느낌인지 주의를 기울인다. 얼마나 오래 손을 이렇게 하고 있을 수 있을까? 대부분은 이 자세가 편안하고 쉽다고 말한다. 양손이 서로 받쳐주기 때문에 이완할 수 있다.

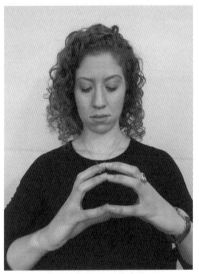

그림 1.1 두 손이 서로를 지지한다.

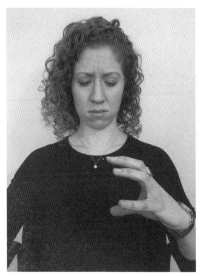

그림 1.2 지지가 없어 한 손이 긴장 상태에 있다.

그림 1.3 지지가 있을 때 두 손은 이완할 수 있다.

왼손은 이 자세를 유지한 채로 오른손을 뗀다(그림 1.2 참조). 어떤 느낌인가? 오른손의 지지가 없으면 왼손은 그 자세를 유지하느라 긴장될 것이다. 손가락이 떨리기 시작할 수도 있다. 손이나 손목에 부담이 느껴지는가? 저린 느낌인가? 손을 이런 상태로 오래 유지하면 불편할 것이다.

그림 1.3에서처럼 다시 손을 마주한다. 무슨 일이 일어나는지 알아차린다. 왼손은 금방 이완된다. 두 손이 서로 균형을 잡고 받쳐주기 때문에 수월해진다.

회복에 필요한 두 날개도 마찬가지이다. 섭식과 몸무게라는 반쪽만 고치면 긴장과 불편함은 여전하다. 하지만 당신의 참나와 부분들이 평화로우면 섭식과 몸무게도 쉽게 균형을 이룰 수 있다. 긴장을 풀고 편안한 느낌을 가지려면 회복을 위한 두 날개가 모두 필요하다.

음식, 먹기 그리고 몸무게

섭식과 몸무게를 걱정하면서 사는 삶은 정말 괴롭다. 이 때문에 치료를 받는 사람들이 많다. 나를 찾아온 내담자에게 치료 목적을 물으면 "폭식하고 토하는 걸 멈추고 싶어요", "이런 식으로 먹고 싶지 않아요", "정상적으로 먹고 싶어요"라고 대답한다. 그리곤 섭식과 몸무게를 조절하기 위해 어떤 노력을 해왔는지 이야기한다.

체중감량을 답으로 생각하기

베타니가 섭식과 몸무게를 조절하기 위해 처음으로 한 일은 체중감량이었다. 무슨 말인지 당신도 잘 알 것이다. 대부분 체중감량을 문제의 해결책이라고 여긴다. 체중계 위에서 특정 숫자만 달성하면 인생이 잘 풀릴 것이라고 생각한다. 하지만 잘 알다시피 그런 일은 절대 일어나지 않는다. 체중계에 어떤 숫자가 나타나든, 성형수술이나 지방흡입 시술을 받아도 결코 괜찮다고 느끼지 못한다. 머릿속의 작은 목소리는 계속 "2킬로그램만 더 빼면"이라고 속삭일 것이다. 남들 눈에는 앙상해 보이는데도 당신은 여전히 뚱뚱하고 모자라고 공허하고 결함이 있다고 생각하며 수치심을 느낀다.

당신은 내담자 미셸이 말한 것처럼 갈등을 느낄지도 모른다.

> 토하기를 멈추는 것이 건강에 더 좋다는 걸 알아요. 하지만 머릿속의 목소리가 좀 더 마르면 행복할 거라고 말해요. 그게 답이 아닌 건 알아요. 더 말랐을 때도 행복하지 않았던 걸 기억하니까요. 난 불행했어요. 하지만 그 목소리는 행복해지려면 살을 빼야 한다고 우겨요. 노력해도 이길 수가 없어요!

좋다는 음식만 골라 먹기

아니면 섭식장애를 고치거나 몸무게를 '통제'하기 위해 특정한 식품에 끌릴 수도 있다.

- "사람들 말이 탄수화물을 줄이고 단백질을 더 섭취하는 게 바람직하대요."
- "체지방을 다 없애면 정상적으로 먹을 수 있을 거예요."
- "난 설탕 중독이야. 괜찮아지려면 단 음식을 피해야 해."

• "글루텐을 피해야 할 것 같아."

하지만 당신이 음식에서 답을 찾는 동안에도 내면 깊은 곳에서는 음식이 진짜 문제가 아니라는 점을 알고 있다.

운동에 몰두하기

자, 음식이 답이 아니라면, 어쩌면… 운동이 답일지도 모르겠다. 타냐는 무슨 일이 있어도 매일 운동을 한다. 타냐는 체감온도가 영하 50도일 때 시카고의 호숫가를 달린 적이 있다고 말했다. 뭐라고? 미쳤어? 그녀는 왜 위험을 무릅쓰면서까지 운동에 매달릴까? "해야만 했어요. 달리지 않으면 뚱뚱하다고 느끼거든요." 타냐는 이렇게 대답했다. 그런데 그녀는 달리기를 하고 나서도 뚱뚱하다고 느꼈다.

섭식과 몸무게에 초점을 두는 회복의 언어

'신경성 식욕부진'anorexia nervosa(신경과민으로 인한 입맛 상실을 뜻함), '식욕이상 항진증bulimia'(소처럼 굶주린), '강박적인 과식'과 '폭식장애'와 같은 꼬리표도 섭식장애의 한쪽 날개인 섭식과 몸무게를 강조한다. "폭식은 한 입 차이"라거나 "당신은 결코 회복될 수 없고, 금욕을 할 수 있을 뿐이다"라는 말도 이런 생각을 강화한다. 나는 이런 말을 듣고, "평생 나 자신과 싸워야 한다면 왜 힘들게 그래야 돼? 그냥 아픈 채로 사는 게 더 편하겠어" 하고 완전히 절망했던 기억이 있다.

선의를 가진 친구와 가족들도 이해하지 못한다. "넌 섭식장애가 있지. 그러니 음식을 조절하자. 그럼 괜찮아질 거야"라고 말한다.

"하루 세 끼만 먹으면 돼." "배고플 때 먹고 배가 부르면 멈추면 돼." "네 문제에만 너무 빠져 있지 마. 인생에는 훨씬 중요한 일들이 많아." 그들은 도움을 주겠다는 마음에서 이런 말을 한다. 개인적으로 내가 제일 싫어하는 말은, "여기서 멈춰! 그만해!"라는 말이다. 마치 이 조언을 듣고는 번뜩이는 통찰로 이마를 '탁' 치며 "와! 그런 생각을 못했네. 조언 고마워. 나 이제 다 좋아졌어! 우리 점심 먹으러 가자!"라며 좋아하기라도 해야 하는 것처럼 말이다.

그게 그렇게 간단하기만 하다면야.

회복을 위해 내가 처음 시도한 것들

나도 이런 흔한 오해에 속아 넘어갔다. 처음에는 음식을 조절하고 음식 관련 증상을 멈추는 데 모든 시간과 에너지를 쏟았다. 균형 잡힌 식사를 했고 몸무게가 '정상'인지 확인했다. 사람들에게 "너 회복됐구나!"라고 칭찬을 들었다. 하지만 내면에서는 여전히 혼란스럽고 공허하고 허전하고 결함이 있고 모자란 느낌이었다. 매일 고군분투했다. 하지만 '정상적인' 사람들은 다들 그렇게 느끼려니 했다. 이제 회복됐으니 모든 것이 완벽해질 거라고 생각했다. 그러다가 처음으로 내 삶이 던지는 질문에 귀를 기울였다. 나는 기겁을 했다.

'왜 내게 이런 일이 일어날까?' 궁금했다. '왜 내 주변 사람들은 다 이 모양이지?' '사람들이 나한테 왜 이러는 거지?' 말이 되지 않았다. 나 섭식장애를 극복했잖아? 나 정상적으로 먹었잖아? 나 정상적으로 보이잖아? 그런데 왜 삶이 내 뒤통수를 치는 거지? 뭐가 잘못된 거야? 나는 어찌할 바를 몰랐고, 스트레스를 어떻게 다뤄야 할지 몰라서 더 통제 불능한 느낌이 들었다. 몇 주 동안 정상으로 보이기 위해, 제대로 먹기 위해 내 삶을 통제하려다가 섭식장애 증상이 다시 나타났다. 고백하건대, 나는 그 증상들을 오랜 친구가 돌아오기라도 한 듯이 환영했다.

만일 당신이 참나를 찾고 부분들과 화해하지 못한 채 섭식과 몸무게만 조절하려고 한다면 하루하루가 끊임없는 몸부림이 될 것이다. 긴장한 한쪽 손처럼 말이다. 완전히 회복되려면 음식과 몸과 화해해야 한다. 동시에 참나에 대한 감각을 확고히 하고, 당신이 진정 누구인지를 알고 모든 부분과 조화를 이뤄야 한다.

내면의 공허함

섭식장애가 있는 사람들 대다수는 통제 불능에 혼란스럽고, 허전하고 공허하고 수치심을 느낀다. 그들은 자신이 누구인지 모른다. 섭식장애는 정체성 형성에 중요한 요소가 된다. "저는 폭식증 환자(또는 거식증 환자)예요." "강박적으로 먹어요." 내담자들은 대부분 다음과 같은 걱정을 한다.

- "내가 섭식장애가 아니라면 나는 뭐가 될까요?"
- "내가 여기서 제일 마른 사람이 아니면 나는 특별하지 않을 거잖아요."
- "내가 섭식장애에서 회복되면 내가 누구인지 모를 거예요."
- "회복되면 내 인생의 대본을 포기해야 할 것 같아요."

섭식장애가 당신 자신이라면 이를 포기하는 것은 자신의 정체성 자체가 뿌리째 흔들리는 것을 의미한다. 그건 아주 위험하게 느껴질 수 있다.

어렸을 때 내면에서 뭔가 중요한 것이 빠져 있다고 느꼈던 기억이 난다. 플라스틱 인형처럼 속이 텅 빈 느낌이었다. 나를 반으로 자르면 까만 타르처럼 고약한 냄새가 나고 찐득찐득한 오물로 가득 차 있을 것 같았다. 남들이 나를 깊이 알고 나면 나의 비밀스러운 수치심을 들키지 않을까 두려웠다. 그 비밀이 무엇인지는 나 자신도 몰랐다. 그냥 내가 늘 '모자란다'고 느꼈다. 그래서 나는 오랫동안 연기를 하며 살아야 했다. 정상인 척 연기를 잘했지만, 누군가 진짜 내 모습을 발견할까 봐 불안해서 늘 조심했다. 진짜 내 모습이 드러나면 거부당하고 버림받을 것이라 확신했다.

내가 만난 내담자들도 대부분 내면의 공허함과 수치심을 표현했다.

- "내가 누구인지 모르겠어요. 남들이 내게 뭘 원하는지는 알아요. 하지만 그 사람들이 없으면 나는 아무것도 아닌 사람이 될 거예요."
- "혼자 고립되고 절망하고 겁에 질려 있고, 의미 없는 텅 빈 곳에서 길을 잃은 느낌이에요. 이 텅 빈 공간 때문에 내면에 패닉이 일어나요. 파멸이 임박한 것 같은 무시무시한 느낌이에요."
- "그건 마치 존재에 대한 깊은 근원의 상처 같아요. 태어나기도 전에 나를 원하는 사람도 사랑하는 사람도 없다는 걸 알고

있었던 것 같아요."

그렇다. 내면에 아무것도 없는 것처럼 느껴지기 때문에 외면의 크기와 모양, 외모가 매우 중요해진다.

참나의 희생

내면의 공허함과 수치심은 어디서 오는 것일까? 내면의 공허함은 당신의 참나가 남긴 구멍이다. 그렇다면, 무슨 일이 있었던 걸까? 간단히 말하면, 아주 오래전에 의식적이건 무의식적이건 당신의 참나가 희생되었다. 시간이 지나면서 조금씩 잘려 나갔을 수도 있고, 바위가 얼었다 녹으면서 틈이 벌어졌을 수도 있고, 다이너마이트처럼 한꺼번에 날아가 버렸을 수도 있다. 아니면 이 세 가지 모두를 합친 것일 수도 있다. 3장에서 이에 대해 자세히 탐구할 것이다.

당신의 참나는 당신 자신이다. 참나는 부분들을 책임지고 삶을 이끌어간다. 참나가 책임지는 자리에 없으면 부분들이 통제권을 잡으려고 서로 싸운다. 참나에 대한 감각이 없으면 무력감을 느낀다. 자신에게 일어나는 일이나 삶의 도전에 어떻게 반응해야 할지 통제감을 갖지 못한다. 이때 당신의 첫 반응은 통제감을 주는 뭔가(음식! 먹기! 몸무게!)를 붙잡는 것이다. 하지만 그런 통제는 그저 환상일 뿐, 효과는 일시적이다.

인지행동치료와 참나

지금쯤 당신은 혼란스러울 것이다. "인지행동치료가 섭식장애에 맞는 치료모델이라고 들었어요." 그렇다. 인지행동치료는 빠르고 배우기 쉽다. 많은 사람이 짧은 시간에 상당한 진전을 이루었다. 입원 기간에 대한 보험 한도 때문에 많은 치료센터가 이에 크게 의존하고 있다.

하지만 인지행동치료만으로는 한계가 있다. 내면 깊숙이 있는 어린 부분이 "난 사랑스럽지 않아"라고 믿고 있다고 하자. 이런 상태에서 "전부가 아니면 아무것도 아니라는 사고는 잘못된 거야. 나를 사랑하는 사람이 몇 명이라도 있으니까 나는 사랑스러워"라고 생각을 바꾼다고 해도 빈말처럼 느껴질 것이다. 부정적인 신념을 갖고 있는 어린 부분들은 전두엽 피질에서 인지적으로만이 아니라 정서적으로도 치유되어야 한다. 즉, 뇌의 변연계에 속한 편도체에서 치유되어야 한다.* 국제적으로 인정받는 트라우마 전문가 베셀 반 데 코크Bessel van der Kolk의 말을 달리 표현하면, 전두엽 피질은 편도체와 소통하지 않는다.** 생각만으로 감정에서 벗어나는 방법을 찾을 수는 없다.

참나에 대한 감각을 찾고, 어린 부분들을 정서적으로 치유하고, 모든 부분이 조화를 이루지 않는다면 결국 재발할 것이고 바로 부정적인 사고와 잘못된 식습관으로 돌아갈 것이다. 참나에 대한 감각을 확고히 하고 어린 부분들이 정서적으로 치유되면 인지행동치료는

---

* 전두엽 피질은 이성을, 중뇌에 있는 변연계/편도체는 감정을 다룬다. 더 자세한 내용은 이 책 6장에 있는 진화상 발달한 뇌의 삼중 구조와 관련된 내용을 참조. - 역주
** 신피질은 진화상 가장 늦게 나타난 이성의 뇌로, 감정의 뇌(중뇌)와 소통하지 않는다는 뜻. - 역주

회복을 위한 과정에서 유용하게 활용될 수 있다.

참나 찾기와 부분들 치유하기

해답은 그렇게 칼로 자른 듯 명확하지 않다. 칼로리를 계산하거나 운동에 매진하거나 외모와 체중에 신경을 곤두세우지 않는다면, 당신은 회복하기 위해 무엇을 할 것인가? 어떻게 하면 회복될 수 있을까?

참나를 되찾아 내면의 공허함을 채우는 법을 배울 것이다. 이에 대해서는 4장에서 다룬다. 당신의 참나는 당신 자신이 되어야 한다. 당신의 참나는 개인적인 강인함과 지혜라는 깊은 곳에 자리 잡은 자비심 넘치고 고요한 느낌이다. 당신은 참나에 다가갈 수 있다. 당신의 참나는 내면을 채워준다. 당신은 단단하게 느낀다. 피라미드의 기반처럼 참나가 가진 안정감과 강인함은 무슨 일이 있어도 언제나 당신과 함께 있다.

5~7장에서는 다양한 부분들과 평화롭게 지내는 법을 배운다. 그 방법을 알고 나면 매일 참나와 조화 속에서 협력하며 살 수 있다. 당신이 가진 부정적인 핵심 신념과 마음 깊은 곳에서 자신을 바라보는 관점에서 비롯된 수치심을 정서적으로 치유하고, 부정확하고 낡고 잘못된 신념을 모두 해소하면 상당히 회복될 것이다.

8장에서는 삶의 개인적인 의미를 찾을 것이다. 큰 그림 안에서 자신이 어디에 해당하는지를 찾는 것이다. 이제까지 경험한 것들을 크게 조망할 수 있고 무엇이 중요하고 무엇이 사소한지 알게 된다. 자신의 가치와 윤리에 충실하게 온전히 사는 법을 배울 것이다.

이어서 9장에서는 이를 일상에서, 특히 섭식과 몸무게와 관련해 어떻게 적용할 것인지, 그리고 회복을 어떻게 유지할 것인지 종합적으로 배울 것이다.

나는 회복에 필요한 두 반쪽을 3차원의 음양으로 그려본다. 이 두 절반을 합치면 평화롭게 살 수 있다. 그 답은 당신의 참나, 즉 당신 자신을 찾는 데 있다.

치유를 위한 질문들

아래 질문에 대해 조용히 숙고할 수 있는 시간을 마련한다. 자신에 대해 배운 것을 기록하고 싶을 수도 있다. 답을 찾으면 치료사와 나누기를 바란다.

1. 이 장을 읽으면서 불쑥 나타난 여러 부분을 알아차렸는가? 어리고, 늙고, 나이를 알 수 없는 부분들? 남성, 여성, 둘 다, 둘 다 아닌? 시끄러운, 조용한? 순종적인, 공격적인?

2. 절대 회복할 수 없을 것처럼 느껴지는 부분이 있었는가? 이 부분은 어떤 느낌인가.

3. 더 나아지기를 바라는 부분이 하나 이상 있었는가? 그 부분들을 묘사해 보라.

4. 때로 내면이 공허하다고 느끼는가? 공허함에 대한 당신의 반응과 생각은 무엇인가.

5. 자신의 회복에 대해 생각할 때 회복에 필요한 두 반쪽 중 어느 반쪽에 더 집중하는가. 섭식과 몸무게인가, 아니면 참나를 찾고 부분들과 평화롭게 되는 쪽인가. 지금까지 자

신의 회복이 어떻게 느껴지는가.

6. 회복된다면 자신의 삶이 어떤 것이라 상상하는가. 삶의 어
    떤 부분이 다르게 보이거나 느껴지면 자기수용과 평화를
    얻었다는 사실을 알 수 있을까?

Reference

Schwartz, Richard C. (1995) *Internal Family Systems Therapy*. New York, NY:
Guilford Press (《내면가족체계치료》, 김춘경 역, 학지사, 2010)

2

지휘자와 오케스트라

참나와 부분들을 소개하기 전에 내 이야기를 하나 더 들려주고 싶다.

섭식장애에서 회복된 뒤 나는 직업을 바꿔 치료사가 되기로 했다. 다른 사람들도 내면의 힘과 평화와 행복을 찾도록 돕고 싶었다. 대학원을 다니면서 배운 다양한 치료모델에 내가 회복된 방식을 맞춰보려고 노력했다. 치료법마다 다양한 측면이 있었지만 딱 들어맞는 건 하나도 없었다. 그 어떤 치료모델도 치유 과정 동안 내가 그 '여성'을 만났을 때 느낀 마법을 제공해주지 못했다.

어쨌든 나는 치료사로서 경력을 쌓기 시작했고, 내담자에게 무엇이 필요한지 직관적으로 알아채는 능력이 나에게 있음을 알게 되었다. 하지만 다른 전문가들에게 내가 내담자와 함께하는 작업을 설명하기가 어려웠다. 내가 하는 일이 내담자들에게 도움이 된다는 것을 알고 있었지만, 이 접근법을 다른 전문가들은 시도할 수 없다는 데 낙담했다.

치료사가 된 지 2년쯤 됐을 때 나는 섭식장애 치료를 위한 학회에 참석했다. 그 결정적인 날을 돌이켜보면, 운명이 내가 가야 할 방향으로 나를 적극적으로 이끌었다고 믿을 수밖에 없다. 참석하고 싶었던 워크숍이 취소되는 바람에 리처드 슈워츠 박사의 내면가족시스템(IFS) 치료 강의를 들으러 갔다.

슈워츠 박사는 폭식증으로 고생하는 내담자와 진행한 작업에 관해 얘기했다. 흔히 '부분'이라 불리는 뚜렷이 구별되는 내면의 인격들을 발견한 과정에 관해 설명했다. 나는 놀라서 입이 다물어지지 않았다. 슈워츠 박사가 설명하는 개념이 바로 내가 내담자들과 진행하고 있는 치료 방식이었다.

워크숍이 끝나고 나는 슈워츠 박사에게 다가갔다. "이걸 어떻게 알게 되셨어요? 이런 식으로 작업하는 걸 어디서 찾으셨어요?"

"제 내담자들이 제게 가르쳐줬어요"라고 그는 답했다.

"저도 그런 방법으로 회복됐어요. 다른 사람들도 이렇게 치료하는 줄 몰랐어요." 나는 흥분해서 설명했다.

"정말 놀랍지 않아요?" 그는 안다는 듯 미소 지으며 대답했다.

이후 내가 섭식장애 내담자들과 함께한 작업은 IFS 치료 모델에서 훈련받은 내용에 큰 영향을 받았다. 나는 IFS가 유연하고 적용의 여지가 많은 점을 정말 좋아한다. 이 기법은 병리적으로 접근하지 않고 근원적인 힘에 기반을 두고 있다. 이 모델은 1980년대 말 내가 슈워츠 박사에게 훈련받은 이후로 크게 진화해 왔고 미국 정부기관인 '약물남용과 정신건강서비스관리국(SAMHSA)'에 의해 증거 기반 임상기법으로 인정받았다. 상담을 진행하면서 나는 공식적인 IFS 용어를 가져와 내담자들에게 더 친숙한 방식으로 만들었다(표 2.1 참조).

표 2.1 참나와 부분에 대한 IFS 용어와 내가 쓰는 용어 비교

IFS 용어	부분이 극단적이거나 부정적인 역할에 고착되어 있을 때 내가 쓰는 용어	부분이 긍정적인 역할을 하거나 균형이 잡혀 있을 때 내가 쓰는 용어
참나	–	참나
		내면의 현자
		현자
관리자	위협자	멘토
소방관	말썽꾼	지지자
추방자	추방자	어린아이

IFS 치료에서는 부분이라고 부르는 다양한 내면의 인격을 탐색한다. "나의 한 부분은 친구들과 밖에 나가고 싶어 하지만, 다른 부분은 집에 남아서 보고서를 끝내야 하는 걸 알고 있어요." 부분은 누구에게나 존재한다. 당신이 아는 모든 사람에게 부분들이 있다.

당신의 부분들은 가족 구성원처럼 상호작용한다. 당신은 생각, 감정, 신념, 내면의 대화를 통해 부분들을 자각할 수 있다. 부분들이 균형을 잃으면, 마치 부분들이 사이좋게 지내지 못하는 것처럼, 몹시 시끄럽고 혼란스럽게 느껴진다.

소음과 혼란을 잠재우려면 어떻게 해야 할까? 부분들 외에 우리에게는 참나가 있는데, 나는 이를 '내면의 현자'라고 부른다. 참나는 모든 부분의 책임자로서 부분들이 조화와 균형 속에서 함께 일하도록 돕는다.

참나를 말로 설명하기란 매우 어렵다. 마치 어떤 색깔을 본 적이 없는 사람에게 색조를 정확하게 묘사해야 하는 상황과 같다고 할까. '참나'는 무슨 일이 있어도 괜찮다는 내면 깊은 곳의 어떤 느낌이다.

참나는 모든 답을 담고 있는 고요하고 평화로운 지혜의 자리이다. 당신이 참나, 참나 에너지 혹은 참나 리더십 상태에 있을 때, 자신이 누구인지, 당신에게 무엇이 맞는지 안다. 이는 사고를 통해 아는 것이 아니라 뱃심을 통해 아는 직감이다.

나의 참나는 피라미드의 기반과 같다. 단단하고 안정감 있고 변하지 않는다. 참나는 항상 그곳에 있는 핵심 느낌이다. 모든 것을 견디고, 무슨 일이 닥쳐오건 잘 다룰 수 있으며, 나는 충분하다고 몸 깊은 곳에서 말해주는 신념이다. 내담자들도 비슷하게 참나를 묘사한다.

- "내 참나는 내 몸 안에 있는 힘의 기둥 같아요. 나는 언제든지 다가갈 수 있어요."
- "지혜가 내게 말을 걸 수 있는 영적인 통로예요."
- "내면이 고요하고 차분하고 현명하며 평화로워요."

오케스트라

슈워츠 박사는 저서 《내면가족체계치료》에서 참나와 부분들의 관계를 오케스트라에 비유한다. 잠시 마음속에 전문 오케스트라를 그려보고 교향곡의 아름다운 선율에 귀를 기울여보자. 여기서 지휘자는 참나이고 여러 악기는 부분이다. 오케스트라가 풍부하고 깊이 있는 음악을 만들어내려면 여러 악기가 필요하듯 삶을 온전히 경험하려면 여러 부분이 필요하다.

오케스트라가 들려주는 음악은 정말 놀랍다. 수많은 연주자가 각기 다른 악기로 동시에 음을 맞춰 함께 연주한다. 그 많은 연주자가 어떻게 그렇게 아름답게 호흡을 맞춰 연주할 수 있을까? 바로 지휘자의 안내를 따르기 때문이다. 부분들이 참나의 안내를 받아 조화롭게 일할 수 있는 것처럼.

지휘자는 연주자 한 사람 한 사람을 깊이 사랑하고 이해하며 감사한다. 연주자들은 지휘자의 지도력을 존경하고 신뢰한다. 만일 연주자에게 문제가 있으면 지휘자는 오케스트라를 멈추고 주의를 기울인다. 문제가 해결되면 오케스트라는 연주를 재개한다.

마찬가지로 참나는 부분들을 잘 이해하고 신뢰하며, 반대로 부분들은 참나의 판단을 존중하고 귀를 기울인다. 도움이 필요한 부분이 있으면 참나는 그 부분을 돕고, 부분들이 다시 조화를 찾도록 유도한다.

참나의 특징 11가지

참나의 특성에 대해 알아보자(그림 2.1 참조). 참나는 중심이 잡혀 있고 그라운딩이 잘 되어 있으며*, 침착하고 평화롭다. 참나는 자비심이 있어서 자기 자신과 자신의 부분들과 다른 사람들을 향한 사랑이 가득하고 공감하는 양육 에너지를 품고 있다. 참나는 또 용기와 자신감이 있고, 상황을 파악하는 데 필요한 명료함을 갖고 있다. 참나는 호기심과 창의력을 발휘해 문제를 해결하도록 돕는다. 참나 상태에 있

---

* 그라운딩grounding: 그라운딩은 우리 몸이 땅과 연결된다는 의미를 갖는다. 또한 자신의 의식이 몸이라는 집에 잘 안착해 있음을 느끼는 것이다. ― 역주

을 때 우리는 지금 이 순간에 현존할 수 있다. 참나에게는 객관적인 수용력이 있어서 한 걸음 물러나 자신의 부분이나 다른 사람, 자신을 비판이나 판단 없이 관찰할 수 있다. 참나를 통해 우리는 자기 자신과 자신의 부분들과 다른 사람들과 연결된다. 그리고 참나를 통해 더 큰 존재 혹은 삶의 큰 그림 속에서 자신의 위치와 연결된다.

참나는 우리 몸의 지혜와 연결되어 배고픔과 배부름, 갈증, 쉼과 움직임 등 몸이 필요로 하는 것을 신호로 알려준다. 우리 몸은 단백질, 탄수화물, 과일, 채소, 지방까지 필요한 영양분을 알려준다. 이 신호에 자비심과 호기심으로 반응할 때 우리는 건강해질 수 있다.

부분의 세 집단

IFS 치료에서 부분들은 관리자, 추방자, 소방관이라는 세 가지 범주로 나뉜다. 세월이 지나면서 나는 내담자가 경험을 더 잘 표현하도록 멘토, 어린아이, 지지자로 이름을 바꾸었다. 각 집단 안에서 조금 다른 역할을 하는 부분들이 여럿 있을 수 있다. 다음에 나오는 설명은 엄격한 규칙이 아니라 지침이다. 부분들에 대해 읽을 때 당신의 내면 경험을 믿기 바란다. 내가 멘토는 대개 나이로는 성인이라고 말해도 당신의 멘토가 어리게 느껴진다면, 그게 맞다. 부분에 대한 당신의 느낌을 억지로 끼워 맞추려 하지 말기를 바란다.

그림 2.1에서 부분들은 원으로 그려져 있는데, 이는 부분들이 균형을 이룰 때 참나처럼 중심이 잡히고 그라운딩 되어 있음을 상징하기 위해서이다. 점선은 부분들 사이의 소통이 열려있음을 나타낸다.

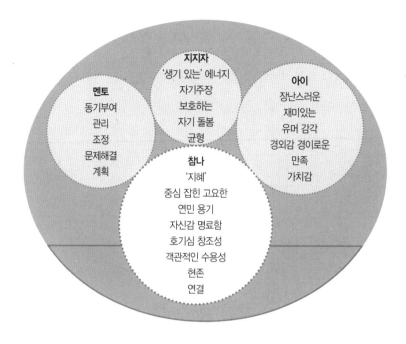

그림 2.1 참나와 부분들이 균형을 이룰 때

멘토

멘토는 흔히 나이 든 성인으로 느껴지고, 머릿속 생각으로 경험된다. 멘토는 당신이 성취감과 의미를 찾기를 원한다. 앞으로 나아가고, 배우고 성장하여 최선의 모습이 되도록 동기를 부여한다. 멘토는 일상을 조직하고 계획하고 문제를 해결하고 관리한다. 멘토는 매우 생산적으로 행동하도록 한다. 음식을 먹을 때 멘토는 영양과 안녕을 걱정한다. 운동으로 탄탄하고 건강한 몸을 갖도록 격려한다.

어린아이

멘토가 일과 성취에 집중하도록 한다면, 어린아이는 삶을 즐겁게 느끼도록 해준다. 어린아이 부분은 어린 느낌이며, 몸에서 감정과 감각으로 느껴질 때가 많다. 어린아이는 재밌고 장난기가 많다. 유머 감각은 어린아이 부분에서 온다. 아이들은 삶에 대한 경외심과 경이로움을 갖고 있다. 자신의 가치와 만족감과 삶에 대한 사랑은 어린아이 부분에서 나온다. 어린아이 부분은 재미와 즐거움을 위해 먹고 움직이는 것을 좋아한다.

지지자

어떤 나이든 지지자가 될 수 있지만 나는 청소년의 활기와 에너지가 떠오른다. 지지자는 생각과 몸을 통해 말을 한다. 지지자는 자신을 돌보고 자기 입장을 옹호하고 자신을 보호하라고 밀어붙인다. 지지자는 삶의 균형을 찾도록 돕는다. 당신이 음식을 먹을 때 지지자는 몸의 신호에 귀를 기울이고 영양과 건강, 재미와 즐거움이 균형을 잡도록 돕는다. 또한 운동과 움직임, 휴식과 이완 사이의 균형을 잡아준다.

부분들이 참나에게 원하는 것

부분들은 참나에게 다음 세 가지를 원한다.

1. 자신의 말을 들어주길 원한다. 모든 부분이 자기 얘기를 들어주었다고 느끼는 것이 중요하다.
2. 자신이 당신을 위해 노력하고 있다는 것을 인정받고 싶어 한다.

3. 필요할 때 자신이 원하는 방식으로 돌봐주기를 원한다.

참나가 부분들의 이야기를 들어주고 인정해주고 돌봐준다고 느끼면, 당신은 평화로움과 내면의 조화와 협력을 느낀다.

당신이 부분들에 대해 알아야 할 네 가지 중요한 점이 있다.

첫째, 당신이 어떤 부분에 대해 실망할 수는 있지만, 어떤 부분도 없앨 수는 없다. 자신의 부분 중 일부를 끊어내려 시도한 적이 있는 사람이라면 그게 불가능하다는 사실을 알 것이다. 당신이 어떤 부분을 제거하려 한다고 느끼면 그 부분은 자기 방식을 더 열심히 고수할 것이다. 부분을 무시하거나 입을 막으려 하면 자기 목소리를 들어달라고 더 시끄럽게 떠들고 더 고약하게 굴 수도 있다. (부분들이 가장 원하는 것이 자신의 말을 들어주는 것임을 기억하자.)

둘째, 각 부분은 연속선상에 존재한다. 한쪽 끝에 있는 부분들은 건강하고 균형 잡혀있다. 건강하고 균형 잡혀있을 때 부분들은 서로서로 협력한다. 부분들이 반대편으로 갈수록 생각과 감정, 태도와 행동이 점점 더 극단으로 흐른다. 어딘가 고착되고, 균형을 잃고, 조화를 이루지 못하며, 서로 협조하지 않는다.

셋째, 모든 부분의 모든 행동, 감정, 생각의 뿌리에는 긍정적인 의도가 있다. 부분들이 협력하며 함께 일할 때 이들의 긍정적인 의도를 쉽게 알 수 있다. 하지만 한 부분의 행동이 극단적이고 번번이 자신의 필요를 부정적으로 표현하면, 그 부분의 긍정적인 의도를 알기가 쉽지 않다. 어느 부분이 고약해지면, 그 의도가 아무리 긍정적이더라도 결과가 부정적일 때가 많다.

넷째, 부분들은 그 나이대에 맞게 생각하고 느끼고 행동하고 반응한다. 다시 말해, 만일 당신의 어느 부분이 여섯 살이라면, 실제 여섯 살 아이처럼 생각하고 느끼고 행동한다. 당신이 서른여섯 살이라도 말이다.

참나의 리더십이 없을 때

만일 참나가 통제권을 갖고 있고, 부분들이 인정과 돌봄을 받는다고 느끼면, 당신은 부분들이 차분하고 균형 잡히고 조화를 이룬다고 여길 것이다. 하지만 참나가 희생되고 리더십이 사라지면 부분들은 통제권을 갖기 위해 서로 싸운다. 전문 오케스트라 대신 선생님이 없는 중학교 밴드부를 상상해 보라. 어떤 상황이 그려지는가? 아름답고 조화로운 음악이 들리는가? 당연히 아니다. 소음만 가득할 것이다. 통제권을 가진 존재가 없으면 혼돈과 무질서가 난무한다. 불안한 아이는 "아, 우리 이제 혼날 거야. 그래도 연습은 해야지"라고 걱정할 것이고, 반항아는 "누가 신경이나 쓴데? 난 어차피 널 좋아한 적 없어. 꺼져!"라고 소리칠 것이다. 그러면 드럼 연주자는 최대한 큰 소리를 내서 다른 소리를 덮어버리려 할 것이다. 협력하여 아름답게 연주하던 교향곡은 사라지고 그저 소음과 혼돈만 남는다.

당신 내면의 부분들도 중학교 밴드부만큼 시끄럽고 혼란스럽게 싸울 것이다. 참나가 희생되면 한 부분이 지도자 자리를 차지하고는 가짜 참나 행세를 한다. 하지만 가짜는 통제하고 조정하는 능력이 없다. 다른 부분들은 가짜 참나의 판단을 존중하지 않는다. 어떤 부분들은 불안해한다. 어떤 부분들은 반항한다. "왜 네가 책임을 지는 건데? 나한테 이래라저래라 하지 마. 나도 통제권을 갖고 싶어!" 내면에서 당신은 혼란과 불안, 소음과 무질서를 느낀다.

협력은 사라진다. 부분들은 각자 자기 의제가 더 중요하다고 느낀다.

부분들이 함께 협력하도록 조정해줄 지도자가 필요하다. 참나가 필요하다.

한 부분의 문제가 아니다

나를 찾은 많은 내담자가 자신의 섭식장애를 '에드Ed(eating disorder 의 약자)'라고 이름 붙였다. 섭식장애가 한 부분의 문제가 아니라 모든 부분의 생각과 느낌과 신념과 행동임을 기억하는 것이 중요하다. 당신은 이것이 진실임을 내면 깊은 곳에서 인식한다. '왜 나는 폭식하나?(아니면 굶거나 토하는가?)'라고 자문해보면 여러 답이 떠오를 것이다. '화가 나니까(아니면 외로우니까 또는 상처를 입었으니까).'

뒤에서 부분들이 극단적인 경우를 살펴볼 텐데, 나는 부분들의 차이와 역할을 설명하고 섭식장애의 전체 그림을 완성할 것이다.

참나 찾기

그렇다면 참나는 어디 있을까? 어떤 사람들은 참나가 존재하지 않는다고 걱정하기도 한다. 참나는 부분들 아래 감춰져서 존재하지 않는 것처럼 보일 뿐이다. 슈워츠 박사는 참나가 미국 대통령과 같다는 비유를 하기도 한다. 미국이 공격을 받으면 대통령은 안전한 곳으로 급히 이동해 보호받는다. 위기가 지나가면 지도자의 역할로 돌아가고, 모두 제자리로 돌아온다. 당신의 참나가 희생되었을 때, 참나는 스스로를 보호하기 위해 숨게 된다. 우리가 할 일은 참나를 찾아 지도자의 역할로 되돌려 놓는 것이다.

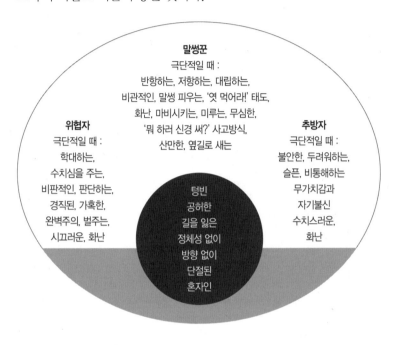

그림 2-2 참나가 부족하고 부분들은 균형을 잃었을 때

부분들에게 지도자가 없을 때

참나가 없을 때 부분들에게 어떤 일이 일어나는지 살펴보자(그림 2.2 참조). 참나를 감지하지 못할 때, 공허하고 텅 비고 방향을 몰라 길을 잃은 것 같고 수치심으로 가득하며 완전히 혼자인 것처럼 느낀다. 자신이 누구인지 모르고, 자신이 뭘 좋아하는지, 뭘 믿는지, 자신의 삶이 어디로 가는지 알지 못한다. 다른 사람이나 더 큰 존재와 의미 있게 연결되지 못하고, 삶의 큰 그림 안에서 내 자리가 어디인지를

인식하지 못한다.

추방자

극단적으로 변한 어린아이를 나는 추방자라고 부른다. 참나가 주는 위로와 확신이 없을 때 추방자는 겁에 질린다. 자신이 혼자이며 자신을 돌봐줄 이가 아무도 없다는 걸 깨닫고는 불안해진다. 추방자는 어리고 경험이 부족해서 상황에 대처하는 법을 모른다. 그래서 얼어붙거나 숨거나 도피하려 한다.

추방자는 수치심과 자신에 대한 의심으로 괴로워하고 스스로가 무가치하다고 느낀다. 화가 나면 다른 사람에게 마구 퍼붓는다. 더 흔하게 자신에게 화를 돌린다. '내가 더 잘 알았어야 했는데. 난 뭐가 잘못된 걸까? 난 정말 모자라.'

추방자는 트라우마에 대한 기억과 예전에 사람들이 보낸 부정적인 메시지를 모은다. 그리고는 자신의 정체성을 결정하는 핵심 신념 체계로 바꿔놓는다. 다른 부분들은 힘을 합쳐 추방자를 가두어 둔다. 그리하여 당신이 불편하고 강렬한 감정이나 아픈 기억을 느끼지 못하도록 한다. 다른 부분들은 당신이 추방자의 기억과 감정을 가둬놓은 벽장 근처에 가지 못하도록 한다. 트라우마가 클수록 더 강력하게 당신의 접근을 막는다. 뚝 떨어진 곳에 갇힌 추방자는 외로움, 낙담, 절망, 무가치함, 희망 없음, 가치 없음, 수치심과 분노를 느낀다.

추방자는 위안을 얻고 욕구를 달래기 위해 음식에 의지한다. 이들은 어린 시절 마음을 달래주던 음식을 선호한다. 감정을 피해 도망칠 때를 제외하고는 전혀 움직이고 싶어하지 않는다.

위협자

극단적으로 변한 멘토를 나는 위협자라고 부른다. 앞서 말했듯, 위협자는 유사 참나일 때가 많다. 위협자는 비판적이고 평가를 일삼는다. 완벽주의자이고 징벌적이며 목소리가 크고 화가 나 있다. 어떤 상황이든 처리하겠다고 달려들지만, 참나가 갖고 있는 지혜로운 위안과 확신이 없어서 위협자의 돌봄은 추방자가 필요로 하는 것도 원하는 것도 아니다. "힘내! 애기처럼 울지 마! 누구도 이렇게 행동하지 않아. 넌 왜 이것도 극복하지 못하고 그래?" 위안과 확신을 찾는 추방자는 위협자가 고함을 지르면 더 동요하고 두려워진다. 위협자는 불안감으로 인해 더 심하게 비판하고, 이는 더 많은 불안을, 더 심한 완벽주의를 끌어낸다.

위협자는 운동과 식습관에 아주 엄격한 규칙을 세운다. "아무리 피곤하고 아파도 매일 3시간은 운동을 해야 해. 오늘은 xxx 칼로리만 섭취할 수 있어. 더는 안 돼! 유기농 현미와 무지방, 글루텐이 없는 것만 먹어야 해. 저녁 7시 이후에는 절대 먹으면 안 돼." 또한 위협자는 먹거나 굶는 것으로 자신이나 다른 사람을 벌한다. "너 과자 먹고 싶지! 넌 과자를 먹을 거야! 그리고 나서는 후회할 거야!" "그 사람들한테 보여줄 거야. 너한테 그런 짓 한 걸 후회할 때까지 넌 먹지 않을 거야."

말썽꾼

지지자가 극단적으로 변하면 여러 역할을 떠맡는 말썽꾼이 된다.

극단적인 역할 중 하나가 '반항적인 말썽꾼'인데, 위협자가 제시하는 규칙과 비현실적인 기대에 화를 내며 반항하고 맞서 싸운다. "누가 신경이나 쓴대! 집어치워! 어차피 완벽할 수 없으니 내가 다 망쳐버릴 거야. 흥! 날 통제할 수 있다고 생각하는구나! 한번 해보시지!" 반항적인 말썽꾼은 규칙을 강요하거나 통제하려는 사람들에게도 반항한다.

이름에서 알 수 있듯, 반항적인 말썽꾼은 반항하기 위해 먹는다. "내가 먹는 걸 막을 수 있다고 생각해? 흥! 난 더 많이 먹을 거야! 날 막으려고 하기만 해봐!" 반항적인 말썽꾼은 위협자가 금지한 바로 그 음식에 손을 뻗는다.

또 다른 극단적인 역할로 '마비시키는' 말썽꾼이 있는데, 위협자나 추방자가 휘저어놓은 강한 감정을 죽인다. "넌 이런 감정을 견딜 수 없어. 내가 다 사라지게 해줄게." 마비시키는 말썽꾼은 지독한 비관주의와 무관심, 미루기로 덫에 갇히게 할 수 있다. "뭐 하러 신경 써? 어차피 바뀔 건 없는데."

감정이 고조되면 마비시키는 말썽꾼은 감정을 마비시키기 위해 아무 생각 없이 아무거나 먹는다. 먹기 시작하면 마치 다른 차원에 발을 들여놓은 것 같다. "무슨 파도가 나를 덮친 것 같아요. 나도 모르는 사이에 음식이 사라지고 없어요. 음식을 먹어 치운 순간을 자각하지 못해요."

그다음에 무슨 일이 일어날까? 위협자가 뛰어 들어와 당신을 몰아세운다. 추방자는 훨씬 더 불안해지고 무가치하다고 느낀다. 반항하는 말썽꾼은 화가 나고, 마비시키는 말썽꾼은 더 먹으라고 부추긴다. 이때 다른 극단적인 역할이 시작된다. 바로 '주의 돌리기 말썽꾼'

이다.

다른 부분들이 악화되면 주의 돌리기 말썽꾼은 중요하지 않은 일로 급히 주의를 돌린다. "아이고 이런! 오늘 몇 칼로리나 먹었지? 칼로리를 계산해보는 게 좋겠어." 어느새 당신은 여기까지 오게 된 본래 문제를 놔두고 음식에 대해 생각하거나 다이어트를 계획한다.

극단적일 때 부분들은 경직되고 유연성이 없다. 이들은 같은 행동을 고집스럽게 반복하고 새로운 것을 시도하려고 하지 않는다. 그로 인해 상황이 더 나빠지고 있는데도 말이다.

악순환의 고리 끊기

참나에 대한 감각을 확고하게 확립하고 부분들을 균형과 조화 상태로 돌리는 것이 회복의 목표이다. 이 과정은 시간이 오래 걸릴 수 있다. 그 과정에서 좌절감을 느낄 수도 있다. 동기를 잃어버리고 포기하고 싶을 수도 있다.

도움 없이 혼자서 완전히 회복할 수 있는 부분이 있겠지만, 나는 기본적으로 치료사의 도움을 받을 것을 권한다. 치료사와 함께하더라도 회복은 어려울 수 있고, 치료사의 도움 없이는 회복이 거의 불가능하다. 중재자 겸 안내자 역할을 하는 치료사가 없으면 부분들은 훨씬 더 심하게 나댈지도 모른다. 치료사는 동기를 유발하고 계속 앞으로 나아가도록 이끌 것이다. 또한 새로운 방향으로 안내하고 당신이 알아차리지 못한 패턴을 지적해줄 것이다. 치료사는 당신이 새로운 방법을 시도해 자기 자신이나 다른 사람들과 관계를 맺을 수 있도록 도와줄 수 있다. 치료사가 원하면 이 책을 함께 읽어도 좋다.

3장에서는 어떻게 당신의 참나가 희생되었는지 그리고 내면의 현자를 되찾기 위해 무엇을 해야 하는지 논의할 것이다.

회복을 돕는 질문들

아래 질문을 혼자 조용히 숙고할 수 있는 시간을 마련한다. 스스로에 대해 배운 것을 기록할 수도 있다. 당신이 기록한 답을 치료사와 공유할 것을 권한다.

1. 이 장을 읽는 동안 당신을 위해 불쑥 나타난 부분들을 알아차렸는가? 어린가, 나이가 들었나, 나이를 가늠할 수 없나? 남성, 여성, 양쪽 다, 어느 쪽도 아닌가? 시끄러운가, 조용한가? 순종적인가, 공격적인가?

2. 부분들과 참나에 대해 읽고 있는 당신에게 반응하는 부분들이 있었는가? 어떤 다양한 부분이 있었고 그들의 반응은 어떠했나.

3. 참나 에너지 상태에 잠깐이라도 있었던 적이 있나? 자비심이나 호기심, 명확함, 자신감, 그 밖에 참나의 특질을 느꼈던 순간을 떠올려보라.

4. 살면서 멘토, 지지자, 어린아이를 느꼈던 때를 떠올릴 수 있는가? 그런 경우를 기록해보라.

5. 부분들이 균형을 잃었다고 느꼈던 때를 생각해보라. 위협자, 말썽꾼, 추방자를 어떻게 경험했는지 예를 들어보라.

3
도대체 나한테 왜?

무엇이 잘못된 걸까? 당신의 참나에게 무슨 일이 있었던 걸까? 1장에서 말했듯, 삶의 어느 시점에서 의식적으로든 무의식적으로든 당신의 참나가 희생되었다.

과거 살펴보기
참나가 어떻게 희생되었는지를 알아내려면 과거를 살펴봐야 한다. 이 장에 제시된 사례가 극단적이라 놀라울 수도 있고, 당신이 눌러놓았던 불편한 감정이 올라올 수도 있다. 예를 들어, 내담자 아비바는 자신의 감정을 인정하는 것이 문화적 금기를 위반하는 것이라고 믿었다.

내가 믿는 종교에서는 효도를 강조해요. 어릴 때 내가 얼마나 끔찍한 대접을 받았는지 알아요? 그때를 생각하면 부모님을 공경할 수가 없고 그럼 내가 나쁜 사람이라는 느낌이 들어요. 내가 나쁜 사람이니까 부모님이 한 짓이 정당하다는 거고… 음, 그럼 내가 그렇게 당해도 싸다는 말이 되는 거잖아요. 게다가 우리 교인들끼리는 학대하지 않는다, 우리 교인들은 섭식장애를 겪지 않는다고도 믿거든요. 근데 저는 둘 다 겪었잖아요.

스스로 허용한다면, 우리는 이처럼 힘든 감정과 핵심 신념을 탐구하면서 배우는 게 많다. 오로지 당신의 상황을 이해하기 위해 탐구하는 것이지 누군가를 비난하거나 손가락질하기 위해서가 아니다. 비난은 생산적이지 않고, 당신을 무력하게 만들 뿐이다. 왜, 어떻게 당신이 참나와의 연결을 잃어버렸는지 이해하면 힘과 의욕이 생긴다. 이 정보는 어떤 부분이 부정적인 패턴에 고착되어 있고 변화해야 하는지를 가르쳐준다. 내가 항상 내담자들에게 말하듯 "당신이 알지 못하는 패턴은 바꿀 수가 없다."

비판적인 위협자는, 일단 당신의 감정과 행동이 일리가 있고 어떤 상황에 대응하느라 달라진 것임을 알고나면 진정한다. 고립된 추방자는, 다른 사람도 비슷한 상황을 겪었고 내면 깊이 자신과 같이 느낀다는 사실을 깨달으면 덜 외로워한다.

내담자 지나는 가족 관계에서 어떤 일이 있었는지 마침내 인정하게 되자 안도감을 느꼈다.

나는 우리 가족에게 무슨 일이 있었는지 누구에게도 말할 수 없었다. 친구들은 엄마랑 관계가 좋았지만, 우리 엄마는 폭군이었다. 우리 엄마가 한 말이나 행동을 슬쩍 내비치면 친구들은 '넌 뭐가 잘못됐길래 엄마랑 잘 못 지내는 거야?'라는 표정으로 나를 쳐다봤다. 그럴 때면 고립감을 느꼈다. 나만 그런 게 아니고 다른 사람들도 이렇게 살았다는 걸 알고 나서는 기분이 좀 나아졌다.

정확히 무엇이 섭식장애를 일으키는지는 아무도 모른다. 여러 이론이 떠돌고 있다. 내 결론은, 섭식장애는 참나가 희생된 결과로 생긴 내적인 혼란에 당신이 대처한 방식이라는 것이다. 당신의 참나가 희생되도록 만든 두 요소가 있다. 첫 번째는 심리학 용어로 개인의 무효화Personal Invalidation이고, 두 번째는 타고난 민감성이다.

개인의 무효화

어렸을 때 당신은 당신 자신이 되면 문제가 있거나 안전하지 않다는 메시지를 직간접적으로 받았다. "그렇게 말하지 마." "그렇게 행동하지 마." "생긴 게 그게 뭐야." "그렇게 느끼지 마." "그런 식으로 생각하지 마." "그렇게 살지 마." "너는 대체 왜 그 모양이냐?"

이러한 메시지는 문화, 가족과 친구, 종교, 텔레비전, 영화, 잡지, 인터넷의 이미지와 메시지에서 온 것이다.

어떤 사람들은 자신이 언제 무효화되었는지 정확히 알지 못한다. 앞서 말했듯 많은 사람이 신체적 학대, 성적 학대, 성폭력 등 큰 트라우마의 생존자이다. 얼마나 많은 내담자가 자연재해나 납치, 살인 등 강력범죄를 겪거나 목격했는지 모른다. 이들은 자신의 몸이 안전하지 않으며 참나 상태로 있는 것이 불안하다는 것을 어린 나이에 배웠다.

에린은 식구가 많은 집안의 막내였다. 그 집에서는 폭력과 마약, 알코올 남용이 일상적으로 일어났다. 신경 쓸 일이 너무 많았던 어머니는 에린에게 관심을 거의 주지 못했다. 에린은 '착한 아이'라고 칭찬을 받았고, 어머니에게 그 무엇도 요구하지 못했다.

아버지가 에린에게 특별히 애정을 보이기 시작했을 때, 에린은 이제 사랑받고 보살핌을 받을 것이라 기대했다. 불행하게도, 에린이 5살 때 아버지가 성적으로 학대하기 시작했다. 에린은 아버지의 애정과 관심을 갈망하는 동시에 아버지의 성적인 학대를 끔찍이도 싫어했다. 내면의 갈등을 해결하는 유일한 길은 몸을 떠나는 것이었다. 에린은 13살 때 식사를 멈추고 글자 그대로 자신의 '참나'를 굶겨 죽이기 시작했다.

가브리엘라의 이야기에서 트라우마의 또 다른 예를 찾아보자. 그녀의 어머니는 불륜으로 가브리엘라를 임신하게 되었다. 어렸을 때부터 가브리엘라는 "네가 내 인생을 망쳤어! 넌 태어나지 말았어야 해!"라는 말을 들으면서 매를 맞았다. 일이 잘못될 때마다 어머니는 가브리엘라를 비난했다. "내가 널 갖지만 않았어도 식비에 이렇게 많은 돈이 들지 않을 텐데. 그 돈으로 날 위해 좋은 걸 살 수 있을 텐데."

가브리엘라는 "난 모두에게 짐이야. 나는 다른 사람들을 돌봐줘야 해. 그렇지 않으면 사람들이 날 거부할 거야"라고 마음 깊이 믿게 되었다. 그녀는 어떤 도움도 요청할 수 없었고 다른 사람이 함께 있어줄 거라 믿을 수 없었다. 강인한 겉모습을 유지하기 위해 가브리엘라는 폭식과 구토로 모든 욕구와 필요를 마비시켰다.

이쯤에서 "난 어렸을 때 맞지 않았어. 나는 성적 학대를 당하지도 않았어. 트라우마 같은 건 전혀 없었어. 근데 왜 나는 섭식장애를 갖게 됐지?"라고 생각하는 이가 있을지 모르겠다.

치료사들이 작은 트라우마라 부르는 또 다른 트라우마가 있다. 큰 트라우마가 바위를 날려버리는 다이너마이트라면, 작은 트라우마는 시간을 두고 자존감을 조금씩 갉아내는 끌과 같다. 끌의 움직임은 미묘하지만 지속적이다. 무시당하거나 방치되고, 괴롭힘이나 조롱을 당하고, 굴욕이나 수치심을 겪고, 돌봄을 받는다고 느끼지 못하고, 끊임없이 논쟁이나 비판에 노출되고, 폭력을 목격하고, 아무리 노력해도 주변 사람을 기쁘게 해줄 수 없을 것 같은 느낌 말이다. 작은 트라우마에 긴 시간 노출되면 그것이 '정상적'이라고 믿게 된다. 작은 트라우마는 매우 다양하므로 많은 사례를 제시하겠다.

언어적 비판

어렸을 때 안젤라의 아버지는 "뚱뚱한 여자애는 아무도 좋아하지 않아"라고 말하곤 했다. 안젤라는 그 말을 사실로 받아들이게 됐다. 그러니 안젤라에게 날씬한 몸이 얼마나 중요할지 상상이 될 것이다.

얄궂게도 안젤라의 아버지는 어른이 된 이후 늘 몸무게와 씨름했다. 안젤라의 아버지에게 뭐 하러 그런 말을 딸에게 했느냐고 물으면 틀림없이 이렇게 대답할 것이다. "딸을 사랑해요. 안젤라가 행복하길 바라요. 먹는 걸 조심하면 애는 나처럼 되진 않겠죠. 딸아이를 사랑해 줄 남자를 만나면 좋겠어요. 뚱뚱하면 남자들이 내 딸을 거부하고 상처를 주겠죠. 그게 걱정돼요." 하지만 안젤라가 내면화한 것은 그게 아니다. "나는 아버지를 기쁘게 할 수 없어. 나는 너무 뚱뚱해. 난 사랑스럽지 않아."

문화적인 무효화

유색인 독자들은 아프리카계 미국인 여성인 아이샤에게 동질감을
느낄 것이다. 그녀는 시카고 남부에서 태어나 대가족 안에서 자라났
다. "어렸을 때 가족과 친구들은 내 피부가 너무 검다고, 형제자매보
다 훨씬 검다고 나를 놀렸어요. 머리카락도 '좋지' 않았어요. 잡지나
영화, 드라마에서 나 같은 사람은 본 적이 없어요. 내가 참 추하다고
느꼈어요. 내 외모가 정말 싫었어요."

대학에서 아이샤는 기숙사에서 만난 백인 친구들과 함께 다이어트
를 하며 어울리려고 노력했다. 살을 많이 빼고 난 후에는 폭식을 하
고 체중 유지를 위해 토하기 시작했다. 언니들에게 도움을 청하자 언
니들은 "너한테 섭식장애는 없어. 그건 백인 애들 병이야. 대체 뭘 하
려는 거야? 백인이라도 되려는 거야?!"라는 말로 그녀를 무효화했다.

비슷하게, 남성 내담자들도 섭식장애는 여자들에게나 있는 거라
는 말을 들을 때 무효화되는 느낌을 받는다.

중요하지 않은 느낌

디에나는 늘 가족과 단절된 느낌이었다.

> 우리 가족은 아무도 서로에게 신경 쓰지 않았어요. 누굴 편들어 주는
> 사람도 없었죠. 누가 내 편이 되어줄 거라고 느낀 적이 없어요. 완전
> 히 혼자였죠. 내가 중요하지 않은 사람이라고 느껴졌어요. 마치 나는

거기 존재하지도 않는 것 같았죠. 정말로 가족과 연결되길 갈망했어요. 의사가 섭식장애로 날 입원시켜야 한다고 진단을 내리자 그때야 우리 가족이 내 존재를 알아차리고 걱정하고 돌보려고 했어요.

디에나는 회복되는 게 너무 무서웠다. "내가 회복되면 가족들은 다시 원래대로 돌아가겠죠. 그럼 내가 원하는 연결감, 소속감을 얻을 수 없을 거고요. 내가 계속 아프면 그걸 얻을 수 있을지도 모르죠. 내가 회복되면 가족은 잃겠지만 내 참나는 얻겠죠."

승산 없는 상황

어쩌면 지나처럼 당신도 기쁘게 해줄 수 없는 사람을 기쁘게 해주려고 열심히 노력했을지 모르겠다. 지나가 뭘 하든 그녀의 어머니는 딸에게 소리를 질렀다. 지나는 집에 들러 어머니를 쇼핑몰에 모시고 갔다. 관절염으로 걷기가 힘든 어머니를 위해 지나는 주차하기 전에 입구에 내려주겠다고 제안했다. 어머니는 자신이 주차장에서 쇼핑몰까지도 못 걸을 줄 아느냐며 모욕감을 느끼고 화를 냈다. 지나는 차를 주차장에 세웠다. 같이 쇼핑몰로 걸어가는 내내 어머니는 다리가 아프다고 불평했다. "엄마가 이렇게 아픈데 너는 신경도 안 쓰냐!"라며 큰소리로 불평을 늘어놓았다.

이런 승산 없는 상황을 오래 겪다 보니 지나의 어린아이 부분은 자신을 비난했다.

나라는 사람 자체가 잘못된 느낌이에요. 내가 하는 일은 전부 문제가 있어요. 존재 자체가 잘못인 거죠. 잘못된 걸 모두 떼어내고 나면 남는 게 뭐가 있을까? 그럴 때 의심이 들죠. 남아 있는 그것은 제대로일까, 의심스러워요. 비판을 다 듣고 나면 나는 가망이 없는 사람이라고 생각하게 돼요. 그런 의심은 내 안의 모든 걸 파괴해요.

어린 시절의 수술

브렌다는 사랑이 많은 대가족의 막내였다. 뼈 질환을 갖고 태어난 그녀는 두 살 때부터 자주 수술을 받아야 했다.

> 어렸을 때 기억은 의사들이 내 몸을 아프게 했다는 거예요. 내겐 선택지가 없었어요. 수술은 효과가 없었고 그럼 또 처음부터 다시 해야 했어요. 내 몸을 내 마음대로 할 수 없다는 느낌이 들었어요. 나는 속에서부터 뭔가 잘못된 것 같았어요. 마치 내가 뭔가 나쁜 짓을 하고 있는 것처럼요.

깁스를 하고 휠체어에 갇혀 있을 때가 많았기 때문에 브렌다는 소외감을 느꼈다.

> 우리 식구들은 내가 다쳐서 또 병원에 갈까 걱정이 돼서 나를 부서지기 쉬운 물건처럼 다뤘어요. 다른 아이들과 노는 건 허락되지 않았어요. 달리거나 줄넘기도 하면 안 됐어요. 자전거 타는 법을 배운 적도 없어요! 난 늘 소외감을 느꼈어요. 내 몸이 잘못된 느낌이었어요!

무언의 거부

모니카는 부유하고 사랑 많은 가정에서 자랐다. 어릴 때 그녀는 어머니와 함께 신부 잡지를 훑어보며 결혼식을 정교하게 계획하곤 했다. 그녀의 어머니는 모니카를 미인대회와 발레 수업에 밀어 넣었다. 하지만 모니카는 소프트볼을 좋아하고 멜빵 바지를 즐겨 입었다. 어머니는 끊임없이 "너 너무 추해! 계속 그렇게 남자애처럼 입으면 절대 결혼 못 할 거야!"라고 소리를 질렀다.

모니카는 자신이 인형이 된 것 같았다. 어머니는 사람들이 감탄할 정도로 멋지게 옷을 입힌 인형을 선반 위에 올려놓았다. 어머니의 애정과 인정을 받으려면 인형이 되어야 한다는 것을 모니카는 알고 있었다.

중학교 때 모니카는 자신이 레즈비언이라는 것을 깨달았다. 그것은 어머니가 원하는 게 아니었고, 커밍아웃을 하면 어머니에게 거부당할 것임을 직감했다. 어머니를 기쁘게 하려고 모니카는 남자아이들과 데이트를 했고 학교 축제 때 프릴이 달린 여성스러운 드레스를 입었다. 내면에서는 자신이 거짓된 삶을 살고 있다고 느꼈다. 다이어트와 폭식과 구토는 내면의 공허함을 피하는 데 도움이 되었다.

대학에서 모니카는 처음으로 레즈비언 관계를 맺게 되었고, 마침내 자신이 진정으로 원하는 사람이 될 수 있다고 느꼈다. 섭식장애 증상이 멈췄다. 더는 폭식하고 게워낼 필요를 느끼지 못했다. 하지만 집에 갈 때마다 모니카는 거짓된 삶을 살아야 했고 폭식과 구토가 다시 시작되었다.

내·외면의 무효화

딜런은 여성에서 남성으로 성전환을 한 내담자로 아주 어려서부터 무효화가 되었다.

> 내 몸이 나를 배신하는 느낌으로 살았어요. 어릴 때 정말 혼란스러웠어요. 사람들이 나를 여자아이라고 하고, 내 몸은 여자가 맞는데, 내면 깊은 곳에서는 내가 남자아이인 걸 알았거든요. 뭐가 문제인지는 알 수 없었지만, 내 몸에서 완전히 소외된 느낌이었어요. 바깥으로 보이는 내 몸은 내면에서 느끼는 것과 일치하지 않았어요.
>
> 중학교 때 몸에 굴곡이 생기고 첫 생리를 했어요. 너무 끔찍했는데, 내가 할 수 있는 게 아무것도 없었어요. 처음에 무슨 이유로 먹지 않게 됐는지는 기억나지 않지만, 몸의 굴곡이 사라지고 생리가 멈춰서 정말 좋았어요!

대학에 가서 딜런은 트랜스젠더들을 만났다.

> 나는 작은 마을 출신이라 트랜스젠더에 대해 들어본 적이 없었어요. 성전환 과정에 대해 자세하게 알게 되었고, 봄 방학 때 집에 가서 부모님께 커밍아웃했어요. 부모님은 처음에는 충격을 받고 혼란스러워 하셨어요. 하지만 결국 나를 사랑한다며 어떻게 하면 지지하고 도울 수 있냐고 물으셨어요. 나는 호르몬 치료를 시작했고, 내 몸과 외모가 바뀌는 동안 우리 가족은 나를 있는 그대로 지지해주었어요.

운 좋게도 딜런에게는 인정해주는 가족이 있었지만, 대중들 앞에서는 자주 거부당하는 느낌을 받는다.

> 처음 만난 사람이 내 성기나 성생활에 대해 질문하는 경우가 많아요! 사생활 침해가 심해도 너무 심해요! 자기들이 상관할 일도 아닌데! 트랜스젠더는 없다, 네가 잘못된 거라고 말한 사람들도 있었어요! 지나가던 낯선 사람이 나한테 무례한 말을 한 일도 있어요! 나한테 침을 뱉은 사람도 있고요! 어떻게 그렇게 무례할 수 있을까요.

핵심 신념체계

이처럼 수치심을 주고 무효화하는 메시지에서 어린아이 부분은 핵심 신념체계를 발달시킨다. 핵심 신념체계란 가족과 문화와 사회를 통해 내면화된 메시지를 말한다. 이런 메시지는 궁극적으로 나 자신을 어떻게 생각하는지를 결정한다. "나는 괜찮은 사람이 아니야." "나는 모자라." "나는 있는 그대로 사랑스럽지 않아." "나는 나로서 살면 안 돼." 나는 이를 고무밴드로 된 공으로 그려본다. 중심핵에 있는 신념이 가장 깊이 박힌 것이다. 핵심 신념체계에 더해지는 메시지 하나하나는 더 안쪽에 있는 메시지들을 강화한다.

어린아이는 모든 일이 자신이 한 행동의 직접적인 결과라고 믿는다. 어린아이는 '내가 뭘 해도 아빠는 별로 기뻐하는 것 같지 않아. 아빠는 행복을 누릴 줄 아는 사람이 아닌가 봐'라고 성숙하게 생각하지 못한다. 대신에 '아빠가 행복해하지 않아. 내가 착한 아이라면 아빠가 행복할 텐데. 내가 제대로 못해서 그래. 난 나쁜 아이야'라고 생각한다.

그래서 아이는 "아기처럼 굴지 마! 아무것도 아닌 걸 갖고 왜 이 난리야!"라는 말을 들을 때마다 마음이 상하는 부분을 없애려 한다. 자신이 느끼는 것을 부정하고 자신의 목소리를 잠재우려 하면서 참나의 한 덩어리를 깎아낸다.

문제는, 자신의 감정을 부정하고 자신의 목소리를 잠재우고 참나를 한 덩이 덜어내는 것으로 바뀌는 것은 아무것도 없다는 점이다. 아빠를 기쁘게 해주려고 자신의 참나를 반복해서 희생하고도 실패한 것처럼 느낀다. 그래서 아이는 계속 변화할 방법을, 문제를 해결할 방법을 찾는다. 통제감을 느낄 수 있는 무언가를 붙잡으려고 하는 것이다.

그렇게 자신의 많은 부분을 덜어내니 결국 속이 텅 비고 허전해졌다. 남은 것은 껍데기뿐이다. 리더 역할을 하는 참나가 없다 보니 당신의 부분들은 무질서하고 반항하며 불안하고 비협조적이 된다. 선생님이 없는 중학교 밴드처럼 말이다.

점차 당신은 고통스러운 감정과 위험한 기억이 깃든 몸으로부터 자신을 단절시킨다. 많은 내담자가 내게 "나는 그저 머리인 것 같아요. 내 몸은 내가 끌고 다니는 물건에 불과해요. 몸을 완전히 없앨 수 있다면 그렇게 할 거예요"라고 말했다.

당신의 타고난 민감성

이 시점에서 당신은 의아할지 모른다. "근데 왜 나야? 왜 나는 섭식장애를 갖게 된 거지? 나는 트라우마가 그렇게 심하지 않았어! 나보다 트라우마가 더 심한 사람도 멀쩡하던데? 나는 도대체 뭐가 잘못된 거야?" 지금까지 이 장에서 개인의 무효화를 탐구해 왔다. 하지만 내부적인 요소도 있다. 섭식장애가 있는 사람들 대부분은 성격이 민감하다. 이는 참나의 희생에 이바지하는 두 번째 요소이다.

'민감한'이라는 말만 들어도 배를 한 대 걷어차인 느낌일 것이다. 우리 사회는 민감함을 아주 부정적인 특성으로 본다. 민감한 사람은 너무 과하거나 부적절하게 반응한다고 평가한다. "다른 사람들은 아빠가 짜증 내는 게 별로 신경 쓰이지 않나 봐요. 시끄러운 비행장 옆에 사는 사람들처럼요. 나는 왜 그게 안 되는지 늘 의아했어요. 난 뭐가 잘못된 거죠?"라고 말하는 테일러처럼. (나는 테일러가 "아빠는 뭐가 잘못된 거죠?"라고 생각하지 않는 게 흥미롭다.)

민감성은 부정적인 특성이 아니다. 민감한 사람들은 공감력이 더 뛰어나다. 이들은 다른 사람의 감정을 알고 상대의 입장이 되어 보는 능력을 타고났다. 우리는 민감성 덕분에 다른 사람을 다정하고 따뜻하게 배려할 수 있다. 원시사회에서는 예민한 직관을 가진 공감적인 사람이 샤먼으로 존경받거나 현자로 숭앙받았을 것이다. 유능한 대사, 외교관, 장관, 예술가는 민감한 사람들이다. 민감성 덕에 나는 타고난 심리치료사가 되었다.

지지하기

민감한 사람들은 종종 거침없이 말하고 정의감이 아주 강하다. 때문에 벌거벗은 임금님 이야기에 나오는 아이처럼 가족들에게 환영받지 못할 때가 많다. 임금님과 신하들은 임금님이 '너무 아름다워서 못 보는 사람이 바보인' 보이지 않는 옷을 입고 있는 척한다. 엉터리 사기가 드러나는 데는 "임금님이 벌거벗었다!"라고 직설적으로 지적한 아이의 지혜가 필요했다.

나는 내담자들에게 아이의 말에 임금님이 어떻게 반응했을지 상상해보라고 한다. 임금님이 "사기를 폭로해줘서 고맙다고 했을까요?" 그러지 않았을 거다. 임금님은 아이가 입을 다물기를 바랐을 것이다. 분명 수많은 백성 앞에서 창피당하고 싶지 않은 마음이 더 컸을 것이다.

어릴 때 가족이 인정하고 싶어하지 않거나 보고 싶어하지 않는 것을 당신이 알아차리거나 질문했다면, 당신이 인식한 것은 무효화되었을 것이다. "아이고, 실없는 소리 하지 마. 아빠는 그냥 피곤한 거야." 또 한 덩이! 그렇게 당신의 참나 한 덩이가 사라진다.

위험 감지

게다가 민감한 사람들은 위험을 감지하는 특별한 능력이 있다. 플라밍고, 다람쥐, 얼룩말의 세계에도 남들보다 민감한 소수가 있다. 들판에서 풀을 뜯는 얼룩말 떼를 상상해보자. 민감한 얼룩말은 미묘한 움직임을 알아차리고는 얼룩말 무리가 위험에서 도망가게 할 것이다.

모든 얼룩말이 민감하면 어떻게 될까? 한 마리가 움직이면 우르르 다들 몰려갈 것이다. 반대로 민감한 얼룩말이 하나도 없다면 사자가 코앞까지 다가와 공격해도 아무도 알아차리지 못할 것이다.

민감하기 때문에 우리에게는 '무리'를 보호할 수 있는 능력이 있다. 직관적이고 공감 능력이 있고 타인의 감정에 민감하기에 우리는 다른 사람의 신체 언어나 표정에서 미묘한 징후와 뉘앙스를 포착한다. 우리는 다른 사람의 마음을 읽고 방 안 분위기를 파악한다. 하지만 가족들은 문제가 있다는 사실을 부정하고 싶은 마음에 "평지풍파 일으키지 마!"라고 말했을 것이다.

우리의 민감성 '레이더'는 변화가 심하고 혼란스럽고 위험한 환경에서 살아남는 데 도움이 되었다. 테일러 이야기를 들어보자.

남동생과 함께 학교에서 돌아오면 나는 집에 들어서기도 전에 아버지가 화가 나 있다는 걸 감지할 수 있었다. 둔한 동생은 곧바로 집으로 뛰어 들어가곤 했다. 아니나 다를까, 아빠는 동생에게 문을 소리 나게 쾅 닫았다고 소리를 지르기 시작했다. 반면 나는 조심스레 눈에 띄지 않게 드나들려고 노력했다. 효과는 없었다. 아빠는 이미 화가 많이 나 있었기 때문이다. 내가 집에 먼저 도착하면 상황이 달라졌다. 나는 아빠를 대하는 특별한 방법을 알고 있었다. 때로 그 비법이 먹혀서 아빠 마음을 누그러뜨릴 수 있었다.

민감성+무효화

민감한 성격과 무효화하는 환경이 결합해 내면의 갈등을 일으켰다. 당신이 민감하더라도 지지해주는 환경이면 문제가 없다. PBS의 어린이쇼 진행자로 배려심이 뛰어난 로저스 씨 집에서 자랐다고 상상해보자. 당신이 어떤 일로 속이 상하면 로저스 씨는 차분하고 온화한 목소리로 이렇게 말할 것이다. "너는 특별해. 사람들은 너를 있는 그대로 좋아할 거야. 때로는 좋은 사람에게 나쁜 일이 생기기도 해."

당신이 무효화하는 환경에서 자랐더라도 둔감하다면 눈치채지 못하고 그냥 넘어갔을 것이다. 덜 민감한 형제자매는 문제를 당신만큼 심각하게 '느끼지' 못했을 수도 있다. (그들이 느끼지 못했다고는 생각하지 마라. 아무 문제 없어 보이는 이들도 내면에서 아파할 수 있다. 그들은 음식으로 대처하지 않을 뿐이다.)

외면당한 민감한 부분

다른 사람들이 우리처럼 민감하게 느끼지 않기 때문에 우리의 감정은 자주 무효화되었다. "무서워할 거 없어. 그렇게 겁쟁이처럼 굴지 마. 뭘 그런 걸 갖고 울어? 넌 너무 예민해." 여러 차례 창피를 당하고, 우리가 느끼는 것을 느껴서는 안 된다는 말을 듣고 난 후 우리는 "난 너무 예민해! 이런 식으로 느끼면 안 돼. 난 뭔가 잘못됐어"라는 핵심 신념을 만들어냈다. 겁먹거나 우는 부분을 외면하면 그 부분은 추방자가 된다.

추방자 이해하기

감정과 반응이 계속 무효화되면, 참나와의 접촉이 끊기고 내면의 지혜의 목소리를 잃게 된다. 당신이 상황에 맞게 반응할 때조차 추방자는 당신이 올바르게 처신했을 리 없다고 의심한다. 추방자가 당신의 반응을 의심할수록 당신은 내면의 지혜를 덜 신뢰한다.

추방자는 당신이 느끼고 생각하고 행동하고 말하는 방식까지 다른 사람의 충고를 따르게 만든다. 자기의심으로 인해 미디어가 만들어내는 메시지를 비판 없이 따르게 된다. "더 날씬해지고 다이어트

콜라를 마시고 스마트 걸 마스카라를 하면 인기를 얻고 친구도 많이 생길 거야!"

우리는 착한 아이로 양육되었다. 착한 아이는 거침없이 말하거나 화내지 않고 귀엽게 군다. 착하고 예쁜 아이는 항상 친절하고 남들이 원하는 것을 한다. 착한 아이는 절대, "숙모와 포옹하고 싶지 않아. 냄새가 싫단 말이야!" 같은 말은 하지 않는다. 오, 그건 안 되지! 내 속마음을 말하면 사람들은 좋아하지 않을 거야. 그러면 사람들이 화를 낼지도 모르고, 나를 좋아하지 않을 거야. 이러한 사고는 부정적인 핵심 신념을 강화한다.

착한 어린이였던 우리는 삶이 던져주는 과제를 다루는 데 필요한 기술과 자원, 도구를 전혀 개발하지 못했다. 자신만의 목소리를 갖지 못한 탓에 무력했다. 우리는 목소리를 삼키며 참나를 희생시키고 숙모를 안아 드렸다. 착한 아이라면 그렇게 해야 하는 거니까. 우리는 다른 사람의 기대에 부응하며 살았고, 인생이란 매우 위험하고 통제할 수 없는 것이라고 느꼈다.

추방자는 수치심을 느낀다

추방자는 자신이 사랑스럽지 않고 호감이 가지 않고 무가치하다고 믿는다. 수치심을 느끼지만 그 감정을 다른 사람들에게 숨기려 한다. 추방자는 다른 사람들이 '진실'을 찾아낼지도 모른다는 두려움을 안고 산다. "사람들이 내 본모습을 알도록 내버려 둘 수 없어. 내가 얼마나 애정 결핍인지 알고 나면 나를 부담스러워하고 도망갈 거야." 사람들에게서 멀어지면 고립되고 외로워지는데, 고립과 외로움은 추방자의 부정적인 핵심 신념을 강화할 뿐이다.

위협자는 과잉 보상을 한다

위협자는 민감한 추방자를 견제하기 위해 개입한다. "너 대체 왜 그래! 정말 아기구나! 별것도 아닌 일로 난리 좀 치지 마! 아무도 이 일에 신경 안 써. 불평 좀 그만해!"

위협자는 또한 지나치게 완벽한 기준을 설정해 무가치하다는 느낌을 상쇄하려 한다. 누구도 그렇게 높은 기준을 일관되게 충족시킬 수 없기에 위협자는 비판하고 소리친다. 그렇게 되면 추방자는 실패했다고 더 심하게 느낀다.

말썽꾼이 끼어든다

쌓여가는 불안과 긴장을 참지 못하고 말썽꾼이 개입한다. "나, 더는 못 참겠어. 먹을 거 어딨어? 먹어야겠어!"

패턴이 다시 시작된다. 추방자는 먹는 것에 수치심을 느끼고, 위협자는 계속해서 비난하고, 이는 다시 말썽꾼의 개입으로 이어진다. 반복될 때마다 패턴은 더 깊숙이 자리 잡는다.

현명한 참나를 찾아라

지도교사가 없는 중학교 밴드부로 돌아가 보자. 지독한 혼돈과 무질서와 소음을 상상하고 느껴보자. 이제 친절하고 정 많고 자애롭지만 단호한 선생님이 방으로 들어오는 모습을 그려보자. 무엇이 상상되는가? "쉬, 조용히 하자"는 속삭임이 들리고 소음이 멈출 것이다. 밴드 구성원들은 다툼을 멈추고 제자리로 돌아간다. 질서가 회복되었다. 선생님은 온화하게 미소 지으며 지휘봉을 든다. 밴드는 다시 조화롭게 협동하며 연주를 시작한다.

우리 내면의 부분들도 마찬가지이다. 모든 문제의 열쇠는 밴드에 선생님이 돌아오도록 하는 것, 당신의 참나, 즉 내면의 지혜로운 목소리를 찾는 것이다. 그러면, 그래야만, 위협자는 진정하고 멘토가 되고, 추방자는 치유되어 장난꾸러기 아이가 되고, 말썽꾼은 지지자로서 자유롭게 균형을 잡고 자기돌봄을 실행할 것이다. 4장에서는 참나에 대한 감각을 찾는 방법을 배우게 된다.

회복을 돕는 질문들

아래 질문을 혼자 조용히 숙고할 수 있는 시간을 마련한다. 스스로에 대해 배운 것을 기록할 수도 있다. 당신이 기록한 답을 치료사와 공유할 것을 권한다.

1. 이 장을 읽는 동안 당신을 위해 불쑥 나타난 부분들을 알아차렸는가? 어린가, 나이가 들었나, 나이를 가늠할 수 없나? 남성, 여성, 양쪽 다, 어느 쪽도 아닌가? 시끄러운가, 조용한가? 순종적인가, 공격적인가?
2. 과거에 사람들이 준 메시지로 인해 생긴 핵심 신념이 있다면 무엇이 있을까?
3. 이 장에 나온 사례 중에 공명되는 것이나 당신의 환경, 문화, 가족을 떠올리게 한 것이 있는가?

4. 당신의 참나나 어떤 부분을 희생시킨 적이 있는가? 누구를 또는 무엇을 위해 그렇게 하였나.

5. 수치심이나 의구심을 느끼는 추방자의 예가 있는가? 불안이나 두려움은? 자기 비난은?

6. 당신의 위협자는 어떻게 과잉 보상을 하는가. 어떤 상황에서 당신의 위협자는 지나치게 높은 기준을 세우는가.

7. 당신의 말썽꾼은 추방자나 위협자에게 어떻게 반응하는가.

Reference

Andersen, Hans Christian (1959) *The Emperor's New Clothes*. New York, NY: Oxford University Press

4

참나 찾기

자, 이제 참나를 찾아 부분들과 새로운 관계를 맺을 때다. 회복하려면 중학교 밴드부에 선생님이 돌아온 것처럼 당신의 참나가 부분들을 책임지도록 해야 한다.

깨달았다고 해서 바로 행동의 변화로 이어지지는 않는다. 섭식장애가 저절로 사라지지는 않을 것이다. 이제는 뭔가 다르게 시도해 볼 때다. 당신은 매일 의식적으로 회복하기로 마음먹어야 한다. 내가 내담자에게 자주 말하듯 "하던 대로 하면 똑같은 결과를 얻게 된다."

내면의 공허함

대부분의 내담자는 참나를 느끼지 못할 때 내면 깊이 정말 중요한 무언가가 빠져 있다는 무서운 공허함을 느낀다. 미셸에게는 이런 느낌이다. "안에 구멍이 수없이 많은 스위스 치즈 같은 느낌이에요. 그걸 느끼면 불안해져요. 먹는 것으로 그 구멍을 메우려 하면 잠깐은 효과가 있지만 오래가진 않아요."

그 공허함은 잠재적으로 당신의 참나가 있게 될 곳이다. 장미 넝쿨을 심으려면 구덩이를 파야 하는 것처럼, 내면의 공허함은 당신이 참나를 다시 느끼게 될 자리이다. 우리는 숨어있는 당신의 참나를 불러내 다시 책임자의 자리에 앉힐 것이다. 장미 넝쿨을 심으면 구덩이가 사라지는 것처럼 당신이 참나를 찾으면 내면의 공허함은 사라질 것이다. 당신은 다시 가득 채워진 충만함을 느끼게 될 것이다.

숨겨진 참나

당신의 참나는 거기 있다. 안전을 위해 겹겹이 쌓인 채 오랜 문제들 아래 숨겨져 있다. 하지만 분명 거기에 있다. 앞에서 언급한 것처럼 어느 순간 당신은 자신의 모습을 그대로 드러내는 것이 안전하지 않다는 것을 배우게 됐다. 사춘기가 되기 전까지는 자신에 대한 느낌이 좋았다고 하는 사람도 있지만, 유치원에 들어가기 전부터 이미 나빴다고 하는 사람도 있다.

많은 내담자가 10대 중반을 삶에서 가장 고통스러웠던 시간으로 이야기한다. 미셸도 그랬다.

> 3학년인가 4학년 때, 전 정말 자신감이 넘쳤어요. 저 자신을 정말 좋아했고요. 내 몸이 편안했어요. 누가 제일 많이 먹을 수 있나, 먹기 대회를 했던 기억이 나요. 제가 이겨서 탁자 위에 올라서서 환호했었죠. 그건 폭식이 아니었어요. 오, 전혀 아니었어요! 실컷 먹고는 그냥 잊어버렸어요.

미셸은 눈물을 흘리며 말을 이어갔다. "전 그 아이를 중학교에서 잃어버렸어요. 걔가 어디로 갔는지 궁금해요. 어디로 간 걸까요?"

참나에 대한 감각이 없다면 당신의 부분들은 혼란스럽고 시끄럽고 비협조적이고 반항하며 불안하다. 선생님이 없는 중학교 밴드부처럼. 이런 상태가 오래되었다면 당신의 부분들은 어떤 변화도 의심스러워할 것이다. 참나의 자리가 오랜 시간 비어 있었다면 참나가 다시 떠나지 않을 거라고 부분들이 믿는 데 시간이 걸린다. 참나가 돌아와 안도하는 부분도 있지만 어떤 부분들은, 특히 유사 참나로 있던 부분들은 위협을 느끼고 회복을 위한 노력을 방해할 수도 있다.

부분들은 참나가 자기 이야기를 들어주고 인정해주고 보살펴준다고 느끼면서 진정될 것이다. 그리고 더 건강한 참나가 이끄는 시스템을 중심으로 부분들이 재편될 것이다.

참나에 익숙해지기

참나에 대한 감각을 회복할 때, 익숙한 느낌이 들 수 있다. 간혹 스치듯 참나를 본 사람도 있을 것이다. 무언가가 옳다는 것을, 생각이 아니라 몸 깊숙이에서 알아챈 그런 기억 말이다. 다른 사람들이 동의하지 않아도 자신은 옳다는 걸 알았던 그런 기억.

루스는 내면 깊은 곳에서 느낀 경험을 이렇게 묘사했다.

좀 됐는데, 남자친구네 회사 파티에 갔어요. 남자친구가 잔뜩 긴장해서는 이상하게 행동했어요. 저만 혼자 앉혀두고 자꾸 다른 방으로 갔어요.

저의 비판적인 부분은 계속 소리를 질렀죠. "네가 너무 뚱뚱해서 너랑 같이 있는 걸 남들에게 보이고 싶지 않은 거야! 네가 형편없어서 너랑 같이 있는 게 창피한 거야."

이렇게 비판자의 목소리가 들렸지만, 마음 깊이 뭔가 다른 느낌이 있었어요. 비판자의 속삭임이 틀렸다는 느낌이었죠. 그냥 알아차렸어요. 그 사람이 저러는 게 저 때문이 아니라는 걸요.

나중에 그 사람이 바람을 피웠다는 걸 알게 됐는데 그 사람 동료들도 알고 있었죠. 어떻게 알 수 있었는지는 모르지만, 마음 깊숙이에서 그냥 알 수 있었어요. 우리 관계에 문제가 있다는 걸. 어쩌면 비판자는 제가 배신감을 느끼고 상처받는 걸 막으려 한 건지도 모르겠어요.

"그래, 그렇겠지. 이 책을 읽는 다른 사람들은 다 숨겨진 참나가 있겠지만, 난 아냐. 나는 결함이 많아. 내겐 희망이 없어." 이렇게 말하는 부분은 아마도 당신이 상처 입거나 실망하지 않도록 하려는 '회의적인 위협자'일 것이다. 이 장과 앞으로 세 장에 걸쳐 가장 회의적인 부분들까지도 진정시키는 방법을 배우게 된다.

참나 알아보기

참나는 몸에서 감지하기 어렵고 목소리도 잘 들리지 않는다. 반면 부분들은 **활동적이고 소리가 크다!**

참나는 공격적이고 강압적인 부분들이 내는 큰 목소리에 쉽게 가려진다. 우는 아이에게 젖을 주듯이, 당신은 목소리가 큰 부분들에 주의를 기울인다. 당신이 참나 상태로 돌아갈수록 떠드는 소리는 조용해지고 부분들은 협조하게 될 것이다.

참나는 내면의 지혜로운 직관으로, 조건 없고 긍정적인 자기 수용과 배려로 몸 깊은 곳에서 경험된다. 참나 에너지 상태일 때 당신은 고요하고 평화롭고 충만하고 걱정이 없다. 어떤 일이 자신에게 옳은지를 안다. 내면 깊이 자리 잡은 강인함과 지혜의 느낌이다. 참나 상태에 있을 때 당신은 그것을 다룰 수 있다. 필요한 모든 자원을 내면에 갖고 있다. 이 힘과 지식으로 차분한 자신감을 느끼며 자신의 삶을 책임지고 있다고 느낀다.

우리의 목표는 가능한 한 참나가 삶을 책임지는 상태로 살아가는 것이다. 살다 보면 예상치 못한 일을 만날 때가 있다. 그건 당신이 약하거나 결함이 있어서가 아니라 통제할 수 없는 현실 세계에서 살아가는 인간이기 때문이다. 그럴 때 부분들은 반응한다. 부분들에게는 도움이 필요하다. 참나는 알아차리고, 부분들이 필요로 하는 것을 연민의 마음으로 들어줄 것이다. 일단 문제가 해결되면 부분들과 참나는 건강한 내면 시스템으로 되돌아간다.

일단 참나 에너지 상태에 있는 것이 어떤 느낌인지 알고 나면, 당신은 의식적으로 그 느낌 속으로 '호흡해 들어갈' 수 있다. 처음에는 이상하게 느껴지겠지만 연습을 많이 할수록 더 편안하고 익숙하게 느껴질 것이다. 아만다는 이에 대해 이렇게 표현했다. "마치 한 번밖에 들은 적이 없는 노래를 기억하려 애쓰는 것 같아요. 하지만 한 번 더 듣고 나면 기억할 수 있죠. 그 노래를 듣고 또 들으면, 원할 때마다 쉽게 부를 수 있어요."

참나를 찾기 위한 연습

여기 당신이 참나를 찾는 데 도움이 될 몇 가지가 훈련법이 있다. 훈련법을 여러 차례 시도해보자. 다음 세 장을 읽는 동안 훈련법을 반복한다. 부분들과 작업할 때 부분들은 차분해질 것이고 참나에 대한 감각도 강해질 것이다.

훈련은 실습이 필요하다. 완벽주의자 부분이 "한 번 해봤는데 잘 안 되잖아. 겨우 5분밖에 지속이 안 됐어. 넌 정말 실패자야!"라고 할 수 있다. 하지만 생각해보면 5분 동안은 효과가 있었다. 다음번 시도에서는 25분, 그다음에는 2시간 동안 지속할 수도 있다. 언젠가는 하루 반 동안 지속할 수도 있다.

훈련법을 읽어가면서 필요에 맞게 각 훈련법을 자유롭게 결합해도 좋다. 향이나 향초와 함께 부드러운 명상 음악을 더하면 경험이 더 강화될 수 있다. 가까운 친구나 치료사에게 훈련법을 녹음해달라고 부탁하면 도움이 될 수 있다. 내담자들은 나의 CD 〈평화 상태에 머무르기: 이미지 안내 명상Imagine Being at Peace: A Guided Imagery Meditation〉을 듣는 것이 도움이 된다고 한다. 이 CD는 차분한 빛깔을 호흡하며 깊은 이완으로 들어가도록 안내한다.

참나의 특성 사용하기

첫 번째 훈련에서는 호흡을 이용해 내면에 공간을 만들고 그 공간에 참나의 특성들을 초대한다.

- 편안히 앉아 최대한 긴장을 풀고 눈을 감는다.

- 고요함에 색깔이 있다고 상상하고 천천히 고요한 빛을 들이 마신다. 코와 목, 가슴과 횡경막까지 들어가는 공기의 움직 임을 알아차린다.
- 이제 천천히 숨을 내쉬며 횡경막, 가슴, 목, 코를 거쳐 빠져 나가는 공기의 움직임을 알아차린다.
- 잔잔한 빛깔을 들이쉴 때마다 몸 안과 주변 텅 빈 공간이 풍 선처럼 부풀어 오른다고 상상한다. 잔잔한 빛깔이 호흡을 통 해 들어올 때마다 모든 생각, 감정, 감각을 그 공간에서 밀어 낸다. 숨을 내쉴 때 생각, 감정, 감각이 마음과 몸을 떠난다 고 시각화한다.
- 마음과 몸이 잔잔한 빛깔로 가득 찼다고 느껴지면, 참나의 특성을 한 번에 하나씩 그 공간으로 초대한다. 특성 하나마 다 두세 번 잔잔한 빛깔을 호흡한다.
- 자신에게서 한 걸음 물러나, 자신을 영화 스크린에 비친 배 우처럼 객관적으로 바라볼 수 있다고 상상한다.
- 호기심을 갖는다. "이 연습은 어떨지 궁금하다."
- 자신과 몸을 현재 순간에 그라운딩하고 현존한다.
- 몸과 마음이 '중심이 잡히고' '고요한' 느낌임을 알아차린다.
- 용기와 자신감을 경험하는 것이 어떤 느낌인지 기억한다.
- 사랑이 담긴 연민의 따스함을 느낀다.
- 상황이 명료해지는 것을 알아차린다.
- 창조성을 발휘해 새로운 해결책을 찾는다.
- 마지막으로, 당신의 참나와 부분들 사이, 당신과 주변 사람

들 사이, 당신과 더 큰 존재 혹은 삶의 큰 그림 사이의 연결
을 느껴본다.

부분들에게 옆으로 물러나 달라고 요청하기

호흡을 통해 참나 에너지로 들어가려는데 부분들이 허락하지 않거
나 참나가 비판적이거나 비난한다면, 어떤 부분이 장악하고 있기 때
문이다. 아마도 위협자일 가능성이 크다. 방해 없이 내면의 현자에
게 접근하려면 그 부분에게 옆으로 물러나 달라고 요청해야 한다.

이 훈련에서 나는 대부분의 사람이 만나게 되는 부분들을 언급할
것이다. 하지만 연습하는 동안 당신의 부분이 어떤 순서로 나타나든
떠오르도록 허용한다. 어색하게 그/녀나 그/녀라고 쓰는 대신 나는
여성형 대명사를 사용할 것이다. 편하게 당신의 경험에 맞게 부분의
젠더를 바꿔 쓰기 바란다.

이 훈련은 두 발을 바닥에 대고 눈을 감은 채 편안하게 앉은 자세
로 할 수 있다. 아니면 열린 공간에서 원을 그리거나 미로 같은 길을
조용히 천천히 걸으며 걷기 명상으로 할 수도 있다. 걷기 명상으로
할 때 눈은 부드럽게 뜨되 바깥 풍경보다 내면의 경험에 주파수를
맞춘다.

- 편안한 길을 그려본다. 익숙한 길거리나 숲속의 아름다운 산
  책로, 예쁜 카펫이 깔린 복도, 노란 벽돌길, 마음의 눈에 보
  이는 것이면 무엇이든 좋다. 길은 저 멀리 지평선을 향해 완
  만하게 위로 올라간다. 실제로 그 길을 걷고 있는 것처럼 길

을 바라본다. 아래를 내려다보면 다리와 발만 보인다.

- 한 걸음 한 걸음마다 몸 안으로 잔잔한 빛깔을 깊이 들이마신다. 발아래 길의 질감을 상상해본다. 얼굴에 와 닿는 햇살을 느낀다. 부드러운 산들바람이 불고 있을지도 모르겠다.

- 길을 따라 걸으면서 떠오르는 생각이나 감정, 신체 감각이 있으면 그저 알아차린다. 예를 들어, 속이 불편한 느낌과 '아, 내가 이걸 잘못하면 어떡하지?'라고 걱정하는 부분을 경험할 수 있다. 걸음을 멈추고 잔잔한 빛깔의 숨을 깊이 들이마신다. 걱정하는 부분을 길가에 서 있는 사람으로 그려본다. 사랑이 담긴 연민으로 걱정하는 부분에게 "여기서 기다려줘. 금방 돌아올게. 이건 나 혼자 해야 해"라고 말한다. 걱정하는 부분이 편안하고 안전하게 기다릴 수 있는 장소를 만들어준다. 벤치, 담요, 베개, 봉제 인형, 스티로폼 방망이나 펀치백까지, 그 부분이 기다리는 동안 필요한 것은 무엇이건 제공한다. 너무 많이 생각하지 말고, 부분이 필요로 하는 것을 참나가 알 거라 신뢰한다.

- 다시 앞으로 걸어 나가며 잔잔한 빛깔을 깊이 들이마신다. 또 다른 감정이나 생각, 감각이 느껴질 때까지. 어쩌면 이번에는 어린 부분이 두려움을 느끼고 있을지 모르겠다. "아, 안돼! 저 앞에 뭐가 있는 거야? 우리 괜찮을까?" 다시 걸음을 멈추고 잔잔한 빛깔을 깊이 들이마신다. 두려워하는 부분을 향해 따뜻하게 말한다. "지금은 내가 혼자 있어야 해. 여기서 조금만 기다려줄래? 금방 돌아올게." 이번에도 두려워하는

부분이 편안하게 기다리는 데 필요한 것들을 제공한다.

- 다시 깊이 잔잔한 빛깔을 들이마신다. 또 다른 감정이나 생각, 감각이 느껴질 때까지 앞으로 나아간다. 이번에는 배가 당기고 턱이 긴장되며 '넌 정말 한심해! 뭐 이런 시간 낭비가 다 있어!'라는 생각이 들 수 있다. 다시 걸음을 멈추고 잔잔한 빛깔을 깊이 들이마신다. 차분하지만 단호하게 비판하는 부분에게 옆으로 물러서 달라고 요청한다. "여기서 기다려줘. 나 금방 돌아올게. 이건 나 혼자 해야 해." 비판적인 부분이 기다리는 동안 필요로 하는 것을 주고 나서 다시 앞으로 걸어 나간다.

- 어떤 감정이나 생각, 감각이 떠오를 때마다 이를 되풀이한다. 잔잔한 빛깔을 깊이 들이마신다. 당신이 평화롭고 참나 상태에 혼자 있다는 느낌이 들 때까지 각 부분과 분리한다. 마음이 더 조용하고 **고요**해진 것을 알아차리게 될 것이다. 몸은 훨씬 더 그라운딩되고 **중심**이 잡힌다. 당신은 사물을 더 **선명**하게 보기 시작할 것이고, **용기**와 **자신감**과 **연민**을 몸에서 느낄지 모른다. 삶의 더 큰 그림, 자연의 에너지나 고차원의 힘과의 **연결**을 느낄 수 있다.

- 이제 당신은 지평선에 서 있다. 얼굴과 몸에 따뜻한 햇볕을 느껴본다. 해가 몸과 마음을 고요하게 하고 치유하는 것을 느낀다. 아름다운 장관과 장엄함을 받아들인다. 잠시 이곳에 머무르며 조용하고 고요한 쾌적함을 누린다. 이 느낌이 몸 안에 단단히 자리 잡도록, 그래서 이게 어떤 느낌인지를 알

고 나중에 필요할 때 불러올 수 있도록 한다. 당신은 자신의 참나를 경험하고 있다. 이게 바로 당신 본연의 모습이다.

- 몸을 돌려 지평선을 떠난다. 그 길을 따라 되돌아 나온다. 이 제 당신은 참나 상태이고 부분들은 당신이 변모한 것을 본 다. 뒤에 남겨뒀던 부분들을 다시 만날 때 이들은 내면의 참 나를 알아보고 차분해진다. 연민과 사랑이 담긴 내면 현자의 눈으로 부분들을 보고 있기 때문에, 당신이 부분들을 남겨두 고 떠났을 때와 다르게 보일 것이다.

- 현명하고 애정 어린 참나로서 당신은 각 부분의 긍정적인 역 할을 볼 수 있고 그들 모두에게 따뜻함과 감사함, 돌봄을 느 낄 수 있다. 부분들과 다시 합류할 때 부분들이 서로 협력한 다고 느낄 수 있다. 이것이 부분들과 당신의 관계가 건강하 게 바뀌는 시작이다.

내면의 현자 만나기

참나의 에너지를 느끼기 위해 자신의 참나를 사람이나 현자로 시각 화해야 하는 이도 있을 것이다. 당신이 자신의 치료사나 시인 마야 안젤루Maya Angelou 같은 실존 인물을 상상하더라도 이때 일어나는 감정은 당신 자신에게서, 당신의 참나에게서 오는 것이다.

궁극적인 목표는 연습을 통해 잔잔한 빛깔을 한 번 들이쉬고 내면 에 늘 존재하는 고요하고 애정 어린 지혜 속으로 들어가 내면의 현 자를 '불러올' 수 있게 되는 것이다.

당신의 현자는 여성, 남성 또는 중성일 수 있지만, 나는 여성 대명사를 쓸 것이다. 현자는 사람이나 동물, 물체로 혹은 색깔이나 안개, 불빛으로도 나타날 수 있다. 현자의 얼굴을 보지 못하더라도 걱정할 것 없다. 사실 그건 참나 에너지라는 긍정적인 신호다. 왜냐하면 당신은 당신의 참나이기 때문에 당신의 얼굴을 보지 못할 수 있다.

이 훈련을 따로 하거나 '길 따라 걷기 연습' 뒤에 할 수 있다. 밖에서 영화의 한 장면을 보는 것이 아니라 당신의 눈으로 직접 펼쳐지는 장면을 보도록 한다.

- 잔잔한 빛깔을 몇 차례 들이마신다. 몸과 마음을 이완하고, 매력적인 집이나 숙소, 주택을 상상한다. 그 집을 향해 걸어가면서 마음속 반가운 기대감을 알아차린다. 마음 깊은 곳에서 당신은 현자가 거기 살고 있고 현자가 당신을 기다리고 있으며 당신과 함께하고 싶어 한다는 걸 알고 있다.

- 다가가서 문을 두드린다. 문이 열리고 현자가 당신을 반긴다. 현자가 어떤 모습인지, 무엇을 입고 있는지, 자세는 어떤지, 무엇을 하고 있는지 알아차린다. 현자를 볼 수 없어도 괜찮다. 그저 그녀의 애정 어린 존재감을 느낀다.

- 그녀의 애정 어린 현존 앞에서 당신이 어떻게 느끼는지 관찰한다. 그녀의 따뜻함과 보살핌을 받아들이도록 한다. 당신을 조건 없이 완전히 긍정적으로 받아들이고 배려하는 누군가와 함께 있는 것이 어떤 느낌인지 알아차린다. 그녀의 고요함과 지혜가 몸 안으로 들어오도록 허용하고 이를 몸 안에서 느껴본다. 나중에 기억할 수 있도록 몸 안의 그 느낌을 강화한다.

- 집 안을 둘러보고 가구나 실내장식, 조명을 알아차린다. 아니면 아무것도 없는 것을 알아차린다. 그녀가 차나 먹을 것을 내올 수도 있다. 그녀의 애정 어린 현존 앞에서 먹거나 마실 때 기분을 알아차린다. 조건 없이 완전히 긍정적인 수용과 배려의 느낌도 알아차린다. 그녀가 내놓은 것을 먹거나 마시지 않아도 아무 문제가 되지 않는다.
- 현자와 함께 있는 동안 그녀가 질문을 기다린다는 느낌을 받을 것이다. 뭘 질문할지 생각하지 말고, 질문이 내면에서 차오르도록 허용한다. 이제 그녀의 답을 귀 기울여 듣는다. 답을 있는 그대로 받아들인다. 비록 지금은 말이 안 되더라도.
- 이제 그녀가 주머니에 손을 넣어 선물을 하나 꺼내 준다. 포장된 선물을 연다. 그녀가 무엇을 주든 받아들인다. 비록 지금은 말이 안 되더라도.

떠날 때가 되면 현자가 당신의 눈을 바라보며 말한다. "네가 날 필요로 할 때마다 난 늘 너와 함께 있어. 숨 한 번 들이마시면 만날 수 있어." 그녀가 당신을 포옹할 때, 숨을 깊이 들이마시며 내면 깊은 곳에 있는 그녀의 지혜와 따뜻함, 애정 어린 연민을 느낀다. 그녀가 필요할 때면 언제든지 숨 한 번 깊이 들이쉬기만 하면 된다. 그녀의 강인함과 보살핌은 언제나 당신 안에 있을 것이다.

당신은 그녀에게 무엇이든 물을 수 있다. 그러면 내면에서 답이 올 것이다. 연습을 마친 후 현자가 준 선물을 찾거나 구매하기 바란다. 그 물건 혹은 그 물건의 사진을 눈에 잘 띄는 곳에 둔다. 그것을 볼 때마다 잔잔한 빛깔을 깊이 들이마시고 내면의 현자와 연결된다.

어린 부분을 통해 참나에 접근하기

참나에 접근하는 또 다른 방법은 당신의 어린 부분을 향한 호기심, 객관성과 연민을 통해서이다. 먼저 어릴 때 사진을 찾는다. '자신의 참나를 사랑하고 삶을 사랑하고 세상이 자신을 사랑해주길 기대한다는 걸 알 수 있는 아이의 모습'이 담긴 사진을 찾아 보라.(걱정하지 마시라. 당신이 그런 사진을 찾을 때까지 기다릴 것이다.)

내담자들은 정말 믿기 힘든 사진들을 가져왔다. 다음 장에서 만나게 될 조니는 이 사진(그림 4.1 참조)을 가져왔다.

이 귀여운 여자아이를 보라. 아이는 남의 눈을 신경 쓰지 않고 두 팔을 들어 올렸고 셔츠가 올라가 귀여운 배가 드러났다. 아이 얼굴의 미소를 보면 당신도 절로 웃음 짓게 된다. 조니가 그랬던 것처럼, 아이를 사랑하는 사람이 이 장면을 포착할 만큼 오래 아이를 눈여겨 봤다는 생각이 들지 않는가?

어린 시절 사진이 없다면 당신이 좋아하는 아이의 사진을 활용해도 된다. 인터넷에서 찾은 사진도 이 연습에는 효과가 있다.

어린 시절 사진이 있는가? 다행이다. 없다면, 당신의 회의적인 부분에게 실험 삼아 이 훈련을 해보자고 요청한다. 회의적인 부분이 옆으로 물러서지 않으면, 이 훈련을 그냥 읽어만 보고 나중에 시도한다.

그림 4.1 전형적인 어린아이 부분의 사진

- 잔잔한 빛깔을 깊이 호흡하며 어떤 생각이나 판단 없이 마음을 비운다. 훈련을 시작할 때, 한 걸음 물러서서 사진을 객관적으로 바라본다. 사진 속 아이가 당신이 아니라 다른 아이라고 생각한다. 내면에서 어떤 즐거움이나 웃음이 느껴질 수 있다. 괜찮다.

- 사진 속 아이에게 어떤 느낌이 드는지 알아차린다. 훈련을 하는 동안 분노, 증오, 혐오, 슬픔이나 공포를 느낀다면 길 따라 걷기 연습에서처럼 그 부분에게 옆으로 물러서 달라고 요청한다. 그 부분이 필요로 하는 것을 제공하고 다시 돌아올 것이라

확신을 주고 지금은 참나 에너지의 특성에 머물러야 한다고 전한다. (그 부분이 비켜서지 않으면 이 훈련은 나중에 시도한다.)

- 호기심과 경이로움을 느끼도록 자신에게 허용한다. 천천히 몸을 훑어보며 어디에서 호기심이 느껴지는지 찾는다. 이 느낌을 다른 생각이나 감정, 그 부위의 신체 감각과 구별한다. 사진을 바라보며 사진을 찍던 순간 아이가 자신에 대해 어떤 생각과 느낌을 갖고 있었을지 궁금해한다. 아이가 느꼈을 자기애와 자부심이 올라오도록 허용한다.

- 이제 그 아이를 당신 자신으로 바라본다. (다른 아이의 사진을 보고 있다면 바로 그 행동을 아이가 되어 한다고 상상한다. 당신은 사진 속 아이처럼 머리 위에 인형을 올리지 않았을지 모르지만, 나는 당신이 그만큼 귀여운 행동을 했을 거라 확신한다.) 만일 당신의 생각이나 감정이 호기심에서 분노나 증오, 혐오, 슬픔, 두려움으로 바뀌면 그 부분에게 옆으로 물러서 달라고 요청한다. 만일 그 부분이 옆으로 물러서지 않으면 아이를 나와 무관한 사람으로 보거나 이 훈련을 나중에 하도록 한다.

- 좋은 기분으로 자신을 자랑스러워하고 스스로와 세상을 향해 사랑을 느끼는 게 어떤 느낌이었는지 기억을 떠올리거나 상상한다. 어린 시절 자신을 향한 사랑이나 따뜻함, 돌봄의 감정을 떠올려 본다.

- 어린아이를 연민과 애정 어린 눈길로 바라본다. 당신의 몸 어디에서 연민을 느끼나? 연민이 아이에게 어떤 행동이나 말을 하고 싶어 하는가? 내면에서 양육의 말들이 거품처럼 올

라오도록 한다. 아이와 가깝고 정서적으로 연결되었다고 느끼도록 한다.

내면의 현자 경험하기: 마를린

마를린은 폭식에서 회복하는 여정에서 내면의 현자를 찾았을 때를 이렇게 묘사한다.

오래전 내가 얼마나 많은 수치심을 안고 다녔는지 알게 되었다. 나는 마음속에 완벽한 엄마를 만들기로 마음먹었다. 내 가슴과 영혼에 울림을 주는 엄마를 찾을 때까지 여러 유형의 엄마를 시험해보았다. 내가 필요로 하는 전적인 수용과 사랑, 안심, 지지, 포용과 같은 특성이 명확해지자 나는 이 사람을 내 의식 속에 집어넣었다. 수치심이 올라올 때마다 거기에 반응하지 말고 그걸 경고 삼아 완벽한 엄마가 의식의 전면에 오게 하자고 자신에게 말했다. 마음속에서 그녀는 나를 안고 내가 있는 그대로 얼마나 멋있는지 말해주곤 했다. 만일 내 마음이 수치심이라는 부정적인 쪽으로 옮겨가려 하면 나는 완벽한 엄마의 이미지를 붙잡고 계속 그녀가 나를 지지하고 사랑해주며 내가 얼마나 잘하고 있는지 반복해서 말해주도록 했다. 수치심이 나타날 때마다 이렇게 하자, 육 개월 뒤에 수치심이 사라지더니 다시 돌아오지 않았다.

내면의 현자 경험하기: 패티

폭식으로 이어지던 악순환을 멈추는 데 어떻게 애정 어린 현자를 이용하는지 들어보자. 패티는 일이 너무 많아 스트레스가 심하고 불안감에 압도되는 느낌이었다. 자신이 모든 일을 다 처리하지 못하는데 죄책감을 느꼈다. 자신이 가족에게 골칫거리가 된 것 같았다.

갑자기 멈춰서 깊이 숨을 들이마시며 나의 현자를 불러왔다. 그녀에게 함께 있어달라고 청했다. 내면 깊은 곳에서 그녀의 사랑 가득한 현존을 느꼈다. 그녀는 내가 최선을 다하고 있고 그걸로 충분하다고 말했다. 이렇게 하고 나자 기분이 훨씬 좋아졌고 다시 일로 돌아올 수 있었다. 폭식하지 않았고 많은 일을 할 수 있었다.

내면의 현자 경험하기: 엘레스

오랫동안 엘레스는 모든 사람을 헌신적으로 돌봤다. 그녀는 조와 공동으로 소유한 가게를 운영했다. 조가 시간을 내 골프를 치는 동안 그가 끄적거려놓은 주문을 해독하고 결근한 직원을 대신했으며 사업 박람회에 가고 신상품을 디자인했다. 정기적으로 조를 출퇴근시켰고, 그의 아파트를 청소하고 빨래까지 해줬다. 밤에 집에 도착하면 엘레스는 기진맥진 상태였다. 그녀가 긴장을 푸는 유일한 방법은 폭식하거나 술을 마시는 것이었다.

엘레스는 자주 삶이 엉망진창이라고 느꼈다. 마음 깊이 화가 났고 억울했다. 물러서고 고립되는 것으로 자신을 보호했지만, 외롭고 사랑받지 못하고 부족하다고 느꼈다.

엘레스의 부분들은 악순환에 갇혀 있었다. 어린 부분은 무가치하고 사랑받을 수 없다고 느꼈고 다른 부분은 엘레스가 하는 일마다 지나치게 비판적이었다. 또 다른 부분은 원하는 만큼 먹고 마시는 것으로 자신을 대접할 자격이 있다고 말했다.

이 사이클을 바꾸기 위해 엘레스와 나는 삶의 속도를 늦추고 내면의 자애로운 현자와 접속할 수 있도록 매일 하는 의례를 만들었다. 엘레스는 늘 바빴기 때문에 의례는 신속하고 단순하고 쉬워야 했다. 매일 아침 각 부분이 필요로 하는 것을 3분 이내에 주도록 하였다.

엘레스는 커피잔을 들고 제일 좋아하는 의자에 앉았다. 잔잔한 빛깔을 호흡하며 고요의 기도를 소리 내어 반복했다. "신이시여, 제가 바꿀 수 없는 것들을 받아들일 평온함과 바꿀 수 있는 것들을 바꿀 용기, 그리고 그 차이를 알 수 있는 지혜를 주소서."

그녀는 어린 엘레스가 자신의 왼쪽에 앉아 있다고 상상했다. 연민과 공감과 따뜻함이 가슴에 들어오도록 한 후, 어린 엘레스에게 애정을 담아 말했다. "넌 지금 있는 그대로 재밌고 창의적이고 사랑스러워." 다시 한번 잔잔한 빛깔을 깊이 들이마시고 오른쪽에 앉은 자신의 멘토를 보았다. 가슴속에 감사가 들어오도록 한 후 삶의 의미와 성취감을 느끼기를 원하며 앞으로 나가도록 밀어준 멘토에게 감사했다.

다시 한번 잔잔한 빛깔을 들이마시고 지지자가 앞에 앉아 있다고 그려보았다. 삶에 균형을 찾아준 지지자에게 감사를 전했다. 그녀는 모든 부분이 속도를 늦추고 내면의 현자가 결정을 내리게 하겠다고 약속했다.

가게 로고 색깔이자 자신을 고요하게 만들어주는 색깔을 볼 때마다 엘레스는 잔잔한 빛깔을 깊이 들이마시고 고요의 기도를 반복했다. 참나 상태에 있을 때 엘레스는 개인 시간을 현명하게 쓰는 선택을 했다. 그녀는 자신에게 진정한 기쁨을 주는 일만 하기로 했고 많은 요구를 거절하기 시작했다. 남는 시간과 에너지로 자신에게 자양분을 주고 자신을 돌보는 활동으로 저녁 시간을 채워나갔다.

내면의 현자 경험하기: 제니퍼

엘레스가 사업체 로고 색깔을 활용한 것과 비슷하게 제니퍼는 핸드폰 소리를 내면의 현자와 연결했다. (열쇠나 컴퓨터, 나무나 정지 표지판과 같은 일상의 물체도 활용할 수 있다.) 우선 제니퍼는 핸드폰을 손에 들고 잔잔한 빛깔을 깊이 들이마시고 이완했다. 제니퍼는 핸드폰 벨 소리가 들리면 눈을 감은 채 잔잔한 빛깔을 깊이 들이마시며 내면에서 애정 어린 현자의 존재를 느꼈다. 전화를 받기 전에 잔잔한 빛깔을 깊이 들이마시는 연습을 하자 전화 하나하나에 참나의 인도와 지혜로 답할 수 있었다.

낮 동안 전화벨 소리를 들을 때마다 제니퍼는 내면의 고요한 평화의 장소로 호흡해 들어갔다. 그녀는 참나와 더 연결될수록 자신의 부분들이 더 고요해지는 것을 알아차렸다.

내면의 현자 경험하기: 몰리

내면의 현자가 하는 말을 들을 수 있을 만큼 속도를 늦추면 때로 당신은 내면 깊이 이미 알고 있지만 부분들은 듣고 싶어 하지 않는 메시지를 듣게 된다. 여기 자신의 참나를 찾은 몰리의 경험이 있다.

몰리는 션과 9년 동안 사귀었는데, 션은 성미가 급했다. 사소한 일에도 션은 소리를 지르곤 했다. 그는 그녀를 함부로 대하고, 비판하고, 사람들 앞에서 창피를 주곤 했다. 그런데도 그녀의 가족은 어쨌건 결혼을 하라고 압력을 가했다. "네 나이가 몇인데 결혼을 망설여?"

몰리는 션이 화를 낼까 봐 두려워서 극도로 수동적으로 변했고 관계 속에 갇힌 기분이었다. 그녀의 비판적인 부분은 그녀를 비난했다. "네가 그렇게 못나지 않았으면 션이 너한테 잘할 거야. 다 네 잘못이야. 넌 너무 뚱뚱해. 살을 빼야 해." 어리고 취약한 부분은 수치심과 무가치함을 느꼈고 그녀가 하는 모든 생각, 느낌, 반응을 의심했다. 그녀는 엄격한 다이어트로 그런 감정을 밀어내려 했다. 하지만 일주일에 여러 차례, 아침에 일어나면 지난밤에 폭식한 증거가 널려 있었다.

상담 세션 동안 몰리는 내면의 현자의 말을 들을 수 있었고 션이 자신을 대하는 방식을 좋아하지 않는다는 것을 알았다. 하지만 션과 함께 있을 때면 그녀의 부분들은 그녀가 치료받는 동안 작업한 것들을 '잊어버렸다.'

점차 참나에 대한 감각이 강해지면서 몰리는 자기 의견을 말하고 션의 말에 동의하지 않기 시작했다. 션은 자기주장이 강해진 몰리를 좋아하지 않았다. 이때가 그녀에게는 아주 힘든 시간이었지만, 자기 목소리를 내자 한밤의 폭식이 줄어들었다. 자기 목소리를 내게 되자 더는 감정을 음식으로 억누를 필요가 없었다.

결국 션은 몰리와 헤어졌다. 그녀는 내면 깊은 곳의 지혜를 자각하게 되었다. "관계가 보이는 것과는 달랐어." 몰리의 현자는 션과 만나는 동안 그녀가 불건강한 행위를 한 것은 션의 정서적 학대로부터 자신을 보호하기 위한 시도였다는 것을 알게 되었다. 어느 치료 회기에서 그녀는 "가슴속에 나는 괜찮다는 느낌이 있어요. 나를 있는 그대로 사랑해주는 사람들과 있을 때 나는 나 자신이 될 수 있어요. 전 괜찮을 거예요"라고 말했다.

참나 상태로 있는 연습

당신의 부분이 오랫동안 통제해왔다면, 혹은 더 정확히는 통제 불능 상태에 있었다면, 그 부분들이 일순간에 마법처럼 건강한 역할로 바뀌진 않는다. 그러려면 훈련, 훈련, 훈련, 그리고 더 많은 훈련이 필요하다.

시간이 지나면 당신은 참나 상태에 머무르는 시간이 더 길어진 것을 알아차리게 된다. 당신은 자신과 다른 사람을 차분하게 하고 진정시키며 자애로운 행동과 생각과 말을 하게 된다. 당신은 모든 부분과 내면에서 조화와 협력을 느낀다. 당신이 되려던 사람이 되어 있는 것을 발견하게 된다.

당신이 참나 에너지 안에 있을 때 내면의 공허함은 채워지기 시작하고, 당신과 부분들은 외롭다고 느끼지 않게 된다. 내적으로 당신은 부분들과 연결되었고 또 부분들은 당신과 연결되었다고 느낀다. 지나는 "예전에는 사람들 속에서도 외롭다고 느꼈어요. 이젠 혼자 있어도 괜찮아요"라고 말했다.

어쩌면 당신은 자신보다 더 큰 무언가와 영적인 연결감을 느끼며 인생이라는 큰 그림 속에서 자신의 자리를 느낄 수도 있다. 자연의 에너지를 더 가깝게 느끼거나 모든 인류와 유대감을 느끼는 내담자들도 있다. 많은 내담자는 자신이 인지하는 더 고차원적인 힘을 가깝게 느끼고, 신의 현존을 느끼는 이들도 있다. 에린은 "회복은 나를 참나로 이끌었어요. 참나는 저를 신에게로 이끌었고요. 신은 나를 다른 사람들에게로 이끌었어요. 나의 참나가 종착점이 될 수 없었죠"라고 심오하게 말한다.

5장에서 우리는 위협자들과의 관계를 바꾸기 시작할 것이다.

회복을 돕는 질문들

아래 질문을 혼자 조용히 숙고할 수 있는 시간을 갖는다. 스스로에 대해 배운 것을 기록할 수도 있다. 당신의 답을 치료사와 공유할 것을 권한다.

1. 이 장을 읽는 동안 당신에게 불쑥 나타난 부분들을 알아차렸는가? 당신이 참나 에너지 상태로 돌아갈 수 있도록 그 부분들에게 옆으로 물러나 달라고 어떻게 요청할 수 있었는가.

2. 잠시 멈추고 이 장에 제시된 명상 훈련이 당신에게 어땠는지 생각해본다. 참나 에너지가 중심에 자리 잡는 것을 알아차렸는가? 부분들의 목소리가 더 커졌는가 아니면 조용해졌는가. 어떤 감정을 경험하였나.

3. 참나의 어떤 특성과 좀 더 쉽게 동일화가 되었는가. 어떤 특성이 가장 어려웠나.

4. 길 따라 걷기를 연습하는 동안 어떤 부분들을 만났나. 그

들이 옆으로 물러서는 데 무엇이 도움이 되었나. 그들이 기다리는 데 당신이 무엇을 제공해야 했나.

5. 내면의 현자를 처음 만난 경험을 기술하라. 그 집의 바깥과 안은 어떤 모습이었나. 현자를 볼 수 있었다면 묘사해 보라. 당신은 어떤 질문을 했나. 어떤 선물을 받았나. 그 선물이 얼마나 중요한지 판단할 수 있는가.

6. 참나 에너지 상태로 들어가는 연습을 위한 의례를 디자인 하는 데 색깔이나 물체를 이용하는 등 어떤 방식이 도움이 되었나.

Note

1 '길 따라 걷기 연습Path Exercise'을 개발하고, 사용을 허락해주신 리처드 C. 슈워츠 박사님께 감사드린다. 이 연습은 참나를 위한 그의 명상 CD에 들어 있다. 이 CD는 http://www.selfleadership.org/ifs-store.html 에서 구매 가능하다.

Reference

Grabowski, A. (2005) *Imagine Being at Peace: A Guided Imagery Meditation CD*

5

위협자와 화해하기

더는 못 참겠어요! 제 머릿속엔 내가 하는 일마다 소리를 지르는 위협
자가 있어요! 머리 빗을 때조차 내가 얼마나 한심한지 비난을 받아요.
실수를 하나라도 하면 날 패배자나 실패자라고 부르죠! 걔가 너무 싫
어요! 부분들을 없애지 않는다고 말씀하신 건 알지만 정말 없앨 수 있
으면 좋겠어요. 걔가 하는 일이라곤 내가 무가치하고 부족하다고 느
끼게 하는 일뿐이에요. —스테이시

스테이시의 불평에 공감할 것이다. 나는 충분히 공감할 수 있다.
앞에서 참나를 묘사할 때는 상당히 길게 설명했어야 했다. 하지만
위협자는 예시 하나로 정확하게 이해할 것이다.

위협자의 특성

위협자는 비판자 또는 판사로도 알려져 있는데, 말이 아주 많고 시
끄럽고 모욕적이고 징벌적이고 수치심을 준다. 위협자는 대개 굴욕

감을 주고 인신공격을 한다. 평소 당신의 모습과 달리 위협자는 욕을 한다.

아이고 세상에! 넌 시× 도대체 뭐가 잘못된 거야! 뭐 이런 한심한 애가 다 있어! 넌 진짜 완전 가망이 없어! 넌 이 일을 할 자격도 없어! 네 상사는 널 어떻게 참아주는지 모르겠다. 네가 어떤 사람인지 알면 네 동료는 너한테 말도 걸지 않을 걸. 네가 이렇게 뚱뚱하지만 않았어도 이런 일은 절대 일어나지 않았을 거야. 넌 오늘 아무것도 못 먹어!

그 뒤로 어떤 말이 이어질지 잘 알 거라 확신한다.

위협자의 사고 패턴

위협자는 왜곡되고 완벽주의적이며 흑백 논리에 갇혀 있다.

- 완벽하지 않으면 넌 실패자야!
- 실수했어? 넌 완전 루저야!
- 그 사람이 널 좋아하지 않는다는 건 모두가 널 싫어한다는 거야!
- 완전무결하지 않으면 넌 무가치해!

위협자가 보기에 당신이 실수하지 않으면 당신 자체가 실수이다. 당신이 실패하지 않으면 당신 자신이 실패이다. 또 위협자는 논리적으로 아무런 연결점이 없어도 당신의 실수가 음식이나 몸무게 때문

이라고 비난한다. 위협자는 당신이 가진 문제에 대해 아무런 해결책
도 제시하지 않는다.

그러나 수치심과 판단이라는 층 아래 묻혀 있을 뿐 위협자도 긍정
적인 의도를 갖고 있다. 그 의도에 닿기 위해서는 아주 깊이 파야 할
지 모른다.

유사 참나로서 위협자

위협자를 참나로 잘못 생각할 수 있다. 참나가 희생되어 추방자를
돌볼 수 없을 때 위협자가 나서서 이 중요한 일을 떠맡았다. 나름의
뒤틀린 논리로 위협자는 자신의 가혹한 인신공격이 어리고 취약한
추방자를 어떤 식으로든 보호하는 것이라고 믿는다.

하지만 위협자는 참나가 아니고 참나의 특성을 갖고 있지도 않다.
위협자의 '해결책'은 당신이 가진 문제를 더 악화시킨다. 에린은 자
신이 경험하는 위협자를 이렇게 묘사했다.

> 위협자는 내가 실수할 때마다 호되게 꾸짖을 뿐 아니라 내가 한 실수
> 를 다 모아 '사실 기반의 이론'으로 엮어서 내가 얼마나 무가치한지 증
> 명해요. 나는 사랑, 친절함, 관대함, 보살핌, 염려를 받을 가치가 없다
> 는 거죠.

소위 '사실 기반의 이론'은 추방자가 가진 부정적인 핵심 신념을
다시 깨우고 반복해서 강화한다. 위협자와 만나고 나면 추방자는 더
절망하고 불안해하며 무가치하게 느낀다.

설상가상으로 위협자는 이 악순환에서 자신이 하는 역할은 전혀 고려하지 않는다. 모든 비난은 바깥으로만 돌린다. 나는 문제가 없어. 네가 문제지. 나는 책임이 없어. 너한테 책임이 있지. 위협자는 당신에게 이렇게 얘기할 수밖에 없다. 왜냐하면, 위협자는 당신이 정말 구제 불능이라고 믿기 때문이다.

위협자를 다시 생각하기

지도교사가 없는 중학교 밴드부처럼 당신의 부분들은 부정적인 패턴에 고착되어 있다. 위협자가 시끄럽게 굴수록 추방자는 무가치하다고 느끼고 말썽꾼이 개입하고 반항아는 행동으로 표출한다. 마비시키거나 산만하게 하는 부분들이 바빠진다. 위협자는 더 크게 소리를 지르고 추방자는 더 무가치하다고 느끼고 말썽꾼은 더 크게 문제를 만들고…. 그렇게 악순환이 끝없이 계속된다.

참나가 없으면 위협자와 다른 부분들은 낡은 주장을 계속 되풀이한다. "네가 내 말을 안 들으니 내가 고함을 지를 수밖에 없어." "글쎄, 네가 그렇게 소리를 지르면 난 네 말을 듣지 않을 거야."

그들은 절대 다른 것을 시도하지 않는다. 그저 자신의 주장만을 되풀이하며 점점 더 고착되어 아무것도 해결하지 못한다. "네가 그렇게 끔찍한 소릴 하는데 내가 왜 네 말을 들어야 해?" "네가 말을 안 들으니까 내가 이런 끔찍한 소리를 할 밖에." 이렇게 돌고 돈다.

만약 위협자가 '사라진다'면

스테이시처럼 당신도 위협자가 대체 왜 필요한지 궁금하지 않은가?

내가 당신의 위협자를 창밖으로 내던져서 위협자가 트럭에 치였다고 상상해보자. 그렇게 위협자가 사라졌다. 이제 고함도 없고, 비난도 없다. 기분이 어떤가.

당신의 첫 반응은 아마도 안도감일 것이다. "잘됐다! 기분이 훨씬 낫네. 가볍고 자유로워!"

잠시 그 환상을 즐기시라. 이제 다시 묻겠다. "위협자가 영원히 사라져서 머릿속에 자기 비난이 하나도 없다면 어떻게 될까?"

잠시 생각해본 후 당신은 이렇게 대답할 것이다. "내가 그렇게 좋은 사람은 아닌 것 같아. 다른 사람 입장은 생각하지 않고 비열한 말을 하겠지. 아무것도 이루지 못할지 몰라. 종일 잠옷 차림으로 소파에 누워 예능 프로그램이나 보겠지."

위협자와 균형 잡기

고등학교 생물 시간에 배운 게 떠오른다. 오래전 어느 마을에서 그 지역의 늑대를 다 없애기로 했다. 그러고 나자 쥐 떼가 마을을 뒤덮었다. 늑대를 다 죽여버리자 생태계의 견제와 균형이 무너지고 새로운 문제가 생긴 것이다.

내면의 비판자가 없으면 부분들 사이의 균형이 무너지고 다른 극단적인 부분들이 장악하게 된다. 생산적인 일을 하도록 자극하는 존재가 없으면 마비시키는 부분이 그 자리를 차지할 수도 있다. 그날이 그날 같겠지만 신경도 쓰지 않을 것이다. 당신은 결코 성장하지도, 변화하지도, 앞으로 더 나아가지도 못할 것이다.

처음에는 아이 부분이 자유를 누릴지 모른다. 아이들이 침대 위에서 마구 뛰고 아침으로 젤리빈을 먹을 수도 있다. 하지만 얼마 뒤 아이들은 자신을 돌봐줄 이가 아무도 없다는 걸 알게 될 것이다. 금방 아이들은 외로워하고 불안해하며 무력감을 느끼고 몹시 걱정할 것이다.

위협자에서 멘토까지 연속선

각 부분은 연속선 위에 있다(그림 5.1 참조). 한쪽 끝에는 균형 잡히고 제 기능을 하는 건강한 부분들이다(여기서는 원으로 나타냈다). 나는 이 부분을 멘토라 부른다. 반대편 끝에는 극단적이고 제 기능을 못하고 건강하지 않은 부분들이 있다. 나는 이를 위협자라 부른다.

그림 5.1 '위협자'에서 멘토까지 연속선

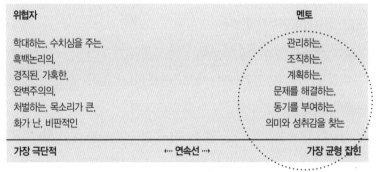

위협자		멘토
학대하는, 수치심을 주는, 흑백논리의, 경직된, 가혹한, 완벽주의의, 처벌하는, 목소리가 큰, 화가 난, 비판적인		관리하는, 조직하는, 계획하는, 문제를 해결하는, 동기를 부여하는, 의미와 성취감을 찾는
가장 극단적	⋯ 연속선 ⋯	가장 균형 잡힌

멘토의 특성

멘토는 동기를 부여하고 배우고 성장하며 앞으로 나아가도록 밀어주고 싶어 한다. 멘토는 진실하고 가치 있는 삶을 살도록 돕는다. 길게 봤을 때 멘토의 목표는 당신이 최선의 모습으로 성취감과 의미를 찾는 것이다.

또 멘토는 일상을 관리한다. 청구서를 지불하고 일정을 조정하고 사교 모임을 계획하고 마감일을 관리하고 재정 상태를 파악하고 차와 집과 소유물과 직장과 건강과 몸을 곡예하듯 유지 관리한다.

멘토는 존중하는 태도로 말하고 자주 '우리'라는 표현으로 당신과 자신이 함께 협력적으로 일하고 있다고 암시한다. 멘토는 당신이나 당신의 인성을 공격하지 않는다. 실수는 그저 실수로만, 그저 운이 나쁜 일시적인 사건으로만 보고 영구적인 성격 결함으로 보지 않는다. 위협자와 다르게 멘토는 실수를 바로잡는 데 필요한 단계를 찾아내도록 돕는다. 무언가가 잘못되면 멘토는 판단하거나 비판하지 않고 창의력을 발휘해 문제를 해결한다.

멘토는 응석을 받아주지 않는다

실제로 멘토가 있었다면 당신을 위해 변명을 해주거나 응석을 받아주지 않는다는 걸 알 것이다. 멘토는 완벽하지 않은 인간적인 면을 허용하면서도 당신이 최선을 다하도록 도전의식을 북돋운다. 멘토는 실수에서 배우고 실수를 되풀이하지 않을 방법을 찾아내도록 격려한다. 멘토는 단호하지만 존중해주고 자상하다.

만일 당신이 알람 맞추는 것을 잊는 바람에 직장에서 중요한 회의를 놓쳤다면, 멘토는 이렇게 말할 것이다. "이건 좋지 않아. 우리 이런 일이 다시 일어나지 않도록 하자. 아침에 알람시계를 베개 위에 올려놓으면 자기 전에 맞추게 될 거야. 이제, 상사에게 전화해 바로 사과하자. 그게 좋겠어. 동료와 얘기해서 회의 메모를 받아보자."

악순환 멈추기

소리 지르는 건 어떻게 멈출 수 있을까? 어떻게 하면 위협자가 멘토의 역할로 돌아가게 할까? 당신의 다른 부분들은 그녀의 입을 막으려고 시도해보았을 것이다. 그녀를 밀어내거나 없애버리려 하거나 미워했을 것이다. 그러다 보면 악순환이 더 악화되고, 위협자는 더 고집을 부리며 목숨을 걸고 싸울 것이다.

당신은 정반대로 해야 한다. 중학교 밴드부가 조화와 균형을 찾는데 선생님이 있어야 했던 것처럼 위협자가 멘토라는 자기 역할로 돌아가려면 당신이 참나 에너지 상태에 있어야 한다.

2장에서 말했듯 위협자는 참나에게서 경청과 인정과 보살핌을 원한다. 위협자가 자기 말을 들어주거나 인정받거나 보살핌을 받는다고 느끼지 못하면, 계속 극단적으로 굴 것이다.

처음에는 말하는 방식 때문에 듣기가 어렵겠지만, 당신은 위협자가 하려는 말을 귀 기울여 듣고 그 부분이 자기 말을 들어준다고 느끼도록 해야 한다. 처음에는 행동 방식 때문에 이해하기 어렵겠지만 그녀가 당신을 위해 하려는 일이 무엇인지 제대로 이해해야 한다. 마지막으로, 처음에는 다른 부분들이 위협자 가까이 가고 싶어 하지 않아서 어렵겠지만, 위협자가 필요로 하는 것들을 보살펴줘야 한다. 위협자의 말을 듣는다는 생각 자체에 다른 부분들이 두려움이나 협박, 증오, 혐오, 분노를 느낄 수 있다. 참나 에너지 상태로 다시 들어갈 수 있도록 그 부분들에게 옆으로 물러나 달라고 청한다.

어떤 고약한 상황에서든 사실은 위협자가 극단적인 역할을 하고 있는 멘토임을 기억하면 도움이 된다. 위협자에게는 긍정적인 의도가 있다. 그녀는 당신을 돕고 싶어 하지만 어떻게 하는지 그 방법을 모를 뿐이다.

당신의 삶과 환경을 생각해보자. 당신에게는 온화한 자기대화(Self talk), 직접적인 의사소통과 존중하는 언어, 이성적인 사고와 창의적인 문제 해결법을 가르쳐준 역할 모델이 있었는가? 이런 역할 모델이 없었다면 위협자는 간접적인 소통과 폭력적인 언어, 욕설과 굴욕, 모 아니면 도라는 식의 사고를 배웠을 것이다.

위협자를 멘토로 변모시키기

위협자를 멘토로 변모시키는 데 필요한 단계를 살펴보자. 베타니의 위협자는 여성이었다. 당신의 위협자는 남성이거나 젠더가 없거나 무생물일 수도 있다. 당신의 위협자가 베타니의 경우처럼 협조적이지 않더라도 걱정할 필요는 없다. 진짜 끔찍하고 고약한 위협자를 다루는 법은 이 장 뒷부분에서 다룬다.

시작하기 전에 참나 상태에 머무르는 연습을 할 것을, 즉 중학교 밴드부 선생님을 책임자 자리에 둘 것을 상기시켜 드리고 싶다. 이 글을 읽는 동안 참나의 특성 외에 다른 감정, 예를 들어 분노나 원망이나 두려움 같은 것을 느낀다면 다른 부분이 장악한 것이다. 깊이 숨을 들이쉬고 호기심, 고요함, 연민 안으로 들어간 후 길 따라 걷기 훈련에서처럼 다른 부분에게 옆으로 물러나 달라고 요청한다.

위협자에게 귀 기울이기

우선 위협자가 이야기를 시작할 공간을 만들기 위해 베타니에게 위협자로서 말을 시작하도록 요청했다.

> 에이미: 베타니, 위협자가 말을 하도록 하세요. 그녀가 무슨 말을 하는지 제게 알려주세요.
>
> 베타니: (위협자로서 크고 거친 목소리로) 넌 정말 한심해! 넌 왜 정상적이질 못하니? 너무 찌질해. 아무도 널 사랑하지 않을 거야.
>
> 에이미: 몸 안 어디에서 위협자가 느껴지세요?
>
> 베타니: 머릿속이요.

위협자는 거의 언제나 머릿속의 생각이나 목소리로 경험하게 된다. 아주 극단적일 때는 그게 자기 생각인 걸 알고 있는데도 바깥에서 들려오는 것 같다. (나는 그게 정상이고, 정신병이 아니라고 확신시켜 드리고 싶다. 당신이 다양한 목소리를 모두 자각하고 있으므로 해리성정체장애*와는 다르다.)

> 에이미: 좋아요. 제가 그 위협자를 당신의 머릿속에서 꺼내 맞은편 소파에 앉힐 수 있어요. 위협자를 볼 수 있다면, 그녀는 어떤 모습인가요?

이는 빈 의자 기법으로 알려진 흔한 치료 기법으로 부분으로부터

---

* 한 사람의 내부에서 오랫동안 형성된 정신상태의 일부분들이 일시적으로 그 사람의 전체를 조종하는 것. 의학계는 1994년 다중인격장애라는 병명을 해리성정체장애로 변경하였다. – 역주

거리를 두고 객관적으로 볼 수 있도록 돕는다. 우리의 목표는 내면의 현자 상태에서 참나의 특성을 이용해 위협자의 말을 듣는 것이다.

베타니: (눈을 감고) 정말 비열하게 생겼어요. 저한테 으르렁거리고, 절 역겨워하며 고개를 가로젓고 있어요.

에이미: 몇 살로 느껴져요? 나이가 당신보다 더 많나요, 어리나요, 또래인가요?

베타니: 저보다는 나이가 많은 느낌이에요.

에이미: 어떻게 생겼어요?

베타니: 학교 선생님 같아요. 머리를 뒤로 쫙 당겨 묶었어요. 회색 정장에 흰색 블라우스 단추를 목까지 채웠어요. 아주 꼿꼿하게 앉아 있어요.

에이미: 제가 그녀와 이야길 나누고 싶은데 그녀가 뭐라고 하는지 제게 전해주면 좋겠어요. 그렇게 하는 게 어떻게 느껴지세요?

베타니: 겁이 나요. 그녀가 무섭거든요.

에이미: 괜찮아요. 겁에 질린 그 부분에게 방에서 나가 달라고 부탁할 수 있을까요? 잠시 대기실에 가 있으라고 하세요. 그 부분이 잘 기다리도록 하려면 필요한 게 있을 텐데, 그걸 주세요. 그녀에게 모든 게 괜찮을 거라고 말해주세요.

베타니가 참나 상태에 있고 다른 부분이 장악하지 않는 것이 중요하기 때문에 나는 다른 부분이 존재하거나 활동하고 있지는 않은지 확인한다.

베타니: 겁에 질린 부분에게 나가 달라고 했는데, 걔가 지켜보고 싶대요. 그래서 걔가 선생님 책상 아래 숨어 있다고 상상했어요.

에이미: 그것도 좋아요. 이제 제가 위협자에게 말을 걸 거예요. 거기에 대해 어떤 느낌이세요?

베타니: 저는 괜찮아요.

나는 활성화된 다른 부분이 없는지 다시 확인한다. 베타니의 사례에서는 그런 부분이 없었다. 활성화된 부분이 더 있으면 '옆으로 물러서 달라'고 요청하는 과정이 반복되었을 것이다.

위협자의 긍정적인 의도 찾기

다음으로 베타니와 나는 위협자가 가진 긍정적인 의도를 알아내기 위해 위협자의 말에 귀를 기울였다.

나는 위협자에게 말을 할 땐 빈 의자를 향해 몸을 돌렸다. 베타니에게 말을 할 땐 그녀를 마주 보았다. 위협자와 베타니 사이의 분리를 강화하기 위해 그렇게 했고, 그러면 베타니가 참나 상태에 머무르는 데 도움이 된다. 베타니는 위협자로서 말도 하고 또 내면의 현자로서 경청하는 두 가지 역할을 한다. 나중에는 위협자에게 말할 때 베타니도 빈 의자를 향해 말을 했다. (어떤 내담자는 실제 의자를 바꿔 앉는 게 도움이 된다고 한다.)

에이미: (위협자에게) 당신이 베타니를 한심해 한다고 들었어요.

베타니: (자신의 위협자로서 크고 거친 목소리로) 그래요. 걘 찌질하고 한심

한 루저예요.

에이미: 베타니에게 그걸 납득시키려고 정말 열심히 하는 것 같아 보여요. 베타니를 위해 하시려는 게 뭐죠?

베타니: 난 걔가 제대로 하길 원해요. 그렇게 애처럼 굴지 말고!

에이미: 당신의 의도대로 베타니가 제대로 하고 애처럼 굴지 않으면, 그게 베타니에게 무슨 도움이 될까요?

베타니: 더 정상적으로 되겠죠. 보통 사람들처럼.

에이미: 네, 베타니가 더 정상적이었으면 하는 당신의 바람을 알겠어요. 그럼, 만일 더 정상적이 되면 그게 베타니에게 무슨 도움이 될까요?

베타니: (평소 어투로) 그럼 사람들이 걔를 더 좋아하겠죠. 친구들이 더 생길지도 모르죠.

에이미: 만일 사람들이 베타니를 좋아하고 친구가 되길 원한다면, 그게 베타니에게 무슨 도움이 될까요?

베타니: 그럼 그렇게 외롭지 않겠죠.

에이미: 베타니가 그렇게 외롭지 않으면, 뭘 느끼게 될까요?

베타니: (더 부드러운 목소리로) 기분이 나아지겠죠.

에이미: 베타니가 기분이 나아지면…?

베타니: (따뜻하고 자상한 목소리로) 그럼 행복할 거예요.

에이미: 그러니까 당신은 베타니가 기분이 좋아지도록 하고 행복할 수 있도록 도우려는 거군요?

베타니: (조용하게) 맞아요.

우와! 우리는 위협자의 긍정적인 의도를 찾았다. 좀 뒤틀린 논리이긴 하지만 위협자의 의도는 베타니가 즐겁고 행복하게 살도록 도우려는 것이었다. 부분들이 우리에게 뭘 원한다고 했는지 기억하는가? 위협자는 자신이 베타니를 위해 무엇을 하려고 하는지 들어주기를 원했다. 우리가 위협자의 말을 귀 기울여 들었기 때문에 그녀의 목소리는 조용하고 차분하고 친절해졌다. 우리가 경청을 하자 그녀는 멘토 역할 쪽으로 더 움직일 수 있었다.

위협자의 긍정적인 의도 인정하기

이제 우리는 위협자가 하고자 하는 일을 이해하게 되었다. 내가 위협자와 대화하는 동안 베타니가 참나의 특징인 호기심을 갖도록 격려했다.

> **에이미:** (위협자에게) 정말 열심히 일하시네요. 왜 그렇게 열심히 하세요?
>
> **베타니:** (위협자로서 정상적인 목소리로) 베타니는 제 말을 안 들어요. 내 입을 막으려 하고 날 밀어내려 하죠. 내 말이 안 먹혀요.
>
> **에이미:** 베타니가 당신 말을 듣도록 우리가 함께 방법을 찾아봐요. 같이 시도해볼 생각이 있으세요?
>
> **베타니:** 글쎄요 어쩌면요. 잘 될지는 모르겠네요.
>
> **에이미:** 이렇게 하죠. 잘 안 되면 언제든 지금 하는 방식으로 돌아올 수 있어요. 새로운 방법을 시도하면서 어떻게 되는지 보는 거죠. 과학 실험 같이요. (때로는 그렇게 영속적이라는 느낌이 없으면

위협자가 새로운 것을 시도하기가 쉽다.)

베타니: 좋아요. 제가 뭘 해야 하죠?

에이미: 제가 잠깐 베타니와 애길 좀 하게 해주세요. 그런 다음 다시 돌아올게요.

에이미: (베타니에게) 위협자가 하는 말 들었어요? 그녀는 당신이 행복하기를 원한대요. 위협자가 당신을 위해 뭘 하려고 했는지 이해할 수 있겠어요? 물론 그녀가 적절한 방법은 모르고 있지만요.

베타니: 그러게요. 어떤 면에서는….

에이미: 몸 깊은 곳에서 감사의 마음을 느껴보세요.

베타니는 잠깐 침묵한 뒤 고개를 끄덕인다.

에이미: (베타니에게) 그녀에게 그걸 말해줄 수 있겠어요?

베타니: (위협자에게) 날 도우려 애써줘서 고마워. 네가 날 위해 얼마나 열심히 노력했는지 이제 알겠어.

에이미: 그녀는 당신이 행복하길 원해요. 당신도 그러고 싶으세요?

베타니: 당연하죠. 저도 행복해지고 싶어요.

위협자와 협상하기

이제 우리는 베타니와 위협자 사이에 협력관계를 만들고 위협자가 베타니에게 행동하고 말하는 방식을 바꾸려 한다.

에이미: 베타니, 위협자가 하는 행동이 마음에 들지 않죠? 당신은 행복하지 않아요. 그녀로 인해 어떤 기분이 드는지 그녀에게

말해주겠어요?

베타니: (위협자에게) 네가 소리 지르고 욕을 하면 난 비참해져. 무가치하고 한심하게 느껴져. 내가 너무 싫어.

에이미: (위협자에게) 베타니가 한 말 들었어요? 어떻게 생각해요?

베타니: (위협자로서) 이 방법이 안 먹히는 건 나도 알아요. 그런데 뭘 어떻게 해야 하는지 모르겠어요. 나도 베타니가 기분 상하는 건 싫지만, 아무 말도 안 할 순 없어요.

에이미: (위협자에게) 왜 안 돼요?

베타니: (위협자로서) 내가 소리라도 지르지 않으면 얘가 하는 일이 전부 엉망진창이 될 거예요! 온종일 소파에 앉아 먹기만 하고요! 그렇게 내버려둘 순 없어요!

에이미: (위협자에게) 하지만 당신이 하는 방법이 먹히지 않잖아요. 베타니가 당신 말을 들을 수 있도록 말하는 방법을 제가 가르쳐드리면 소리 지르지 않아도 될 거예요.

베타니: (위협자로서) 좋아요. 어떻게 하면 되죠?

이때쯤 위협자는 충분히 차분해져서 멘토로서 긍정적인 역할을 할 수 있는 상태이다. 베타니와 멘토는 협력해야겠다고 느끼고 팀으로 일하고 싶어 한다. 멘토는 베타니와 내가 자기 편이고, 자신의 긍정적인 의도를 달성하도록 돕고 싶어 한다는 걸 알고 안심했다.

멘토가 속삭이고 베타니가 듣는다

이제 우리는 베타니와 그녀의 멘토를 돕기 위한 일종의 가이드라인을 만든다. 그 첫 번째는 멘토의 말투와 관련이 있다. 나는 소리 지르고 무시하고 소리 지르고 무시하는 악순환을 바꾸기 위해 멘토에게 차분하고 부드럽게 말해 달라고 요청했다. 베나티는 멘토가 차분하고 부드럽게 말하면 그녀의 말에 귀 기울이기로 약속했다. 멘토는 베타니가 자기 말을 들으면 차분하고 부드럽게 말할 것이다. 둘 다 이기는 윈-윈 상황이다.

만일 멘토가 슬그머니 위협자의 역할로 되돌아가 다시 베타니에게 소리를 지르면 베타니는 조용히 약속을 상기시키기로 했다. 만일 베타니가 경청하지 않으면 멘토는 약속을 지키라고, "최근에 좀 산만해진 것 같아. 우리 좀 더 마음을 챙기도록 하자"라고 부드럽게 상기시키기로 했다.

멘토가 친구에게 하듯 말한다

두 번째 가이드라인은 욕설을 삼가는 것이다. 멘토는 혐오스러운 이름으로 베타니를 부르지 않고 베타니를 존중하며 친절하게 말하기로 했다. 마치 새로운 언어를 배우는 것 같겠지만, 장담컨대 당신은 이미 이 언어에 유창하다.

친구에게 문제가 생겼을 때 친구의 눈을 바라보며 실패자라고 말하지는 않을 것이다. 친구가 정말 끔찍한 일을 했더라도 친구를 존중하고 친절하게 말할 것이다. 다 괜찮아질 거라고 차분하게 친구를 안심시킬 것이다. 연민의 마음으로 친구의 상황을 객관적으로 보고 창의적으로 해결하기 위해 문제를 가능한 한 작은 단계로 나눌 것이다. (참나의 특성을 알아차렸는가?)

베타니와 멘토는 협정을 맺었다. 멘토는 친구에게 말하듯 베타니에게 말하고, 베타니는 멘토가 하는 말을 경청하기로 했다. 사실 멘토가 계속 이런 식으로 말하면 베타니는 멘토의 조언을 기꺼이 환영할 터였다. 정말 큰 변화가 아닌가!

신뢰 관계 만들기

시간이 지나면서 멘토와 신뢰하는 관계가 될 것이다. 처음에 멘토는 당신이 자기 말을 계속 잘 들을 거라고 믿지 못할 수 있다. 멘토가 부드럽게 말한다고 해서 그녀가 바뀌었다고 당신이 신뢰하지 않는 것과 똑같다. 하지만 멘토는 당신의 변화를 지켜보면서(예를 들어, 예전만큼 직장에 지각하지 않고, 음식을 먹을 때 마음을 챙기고 반항심으로 먹는 일이 적어진 것) 차츰 마음을 놓게 된다. 예전만큼 경계하지 않아도 된다. 계속해서 그녀가 존중하는 태도로 말을 하면 그녀가 당신의 이익을 최선으로 생각한다는 점을 신뢰하게 된다.

변화가 힘든 위협자와 작업하기

위협자 중에서 변화가 힘든 경우가 있다. 하지만 시간을 들여 인내심을 가지고 작업하면 이들도 멘토로 변모될 수 있다. 더 어려운 예를 살펴보자.

완강하고 끈질긴 위협자

루스는 키가 크고 몸이 좋고 운동선수 같아 보이는 여성으로 근육질인 자기 몸을 싫어했다. 루스는 집안의 희생양이었다. 집안에 문제가 생기면 늘 루스가 비난을 받았다. 그녀가 뭘 해도 충분하지 않았고 뭘 성취해도 부족했으며 어떤 상을 받아도 특별하지 않았다. 부모는 언제나 루스를 보며 "쟤 몸무게를 어쩌지?"라고 말했다. 그런 부모에게 루스가 해낸 성취와 노력은 몸무게 때문에 무의미했다.

게다가 루스의 언니 신디는 마르고 자그마했다. 신디는 루스를 싫어했고 잔인하게 굴었다. 신디는 달리는 차에서 루스를 밀어내려 했다. 한번은 더운 여름날 차 트렁크에 가둔 적도 있다. 부모님은 늘 신디 편을 들었다. "아이고 루스, 넌 별일도 아닌데 왜 이렇게 유난을 떠니?" 평생 루스는 사랑받지 못하고 사랑스럽지 못하고 안전하지 않다고 느꼈다.

위협자의 긍정적인 의도

위협자가 루스를 무자비하게 때려눕히는 건 어쩌면 놀랍지도 않다. 위협자는 루스가 '자그맣기'를 원했다. 크기도 작지만, 처신도 작기를 원한다는 의미였다. 베타니의 예에서처럼 일련의 질문으로 나는 위협자에게 루스가 자그마해지면 어떨지 물었다. 위협자는 이렇게 대답했다. "아무도 그녀를 보지 못할 거예요. 누구의 주의도 끌지 않으면 아무도 그녀에게 상처를 주지 않겠죠. 아무도 상처를 주지 않으면 안전하다고 느낄 거예요. 안전하다고 느끼면 기분이 좋아지고 행복해지겠죠."

상처 입지 않도록 보호하려는 긍정적인 의도를 알고 나자 루스는 위협자가 자신을 위해 하려는 일이 무엇인지 이해했다. 루스는 위협자와 협력하고 싶어 했다. 이제 우리가 할 일은 위협자가 루스를 보호할 수 있는 새로운 방법을 찾아 긍정적인 의도에 걸맞은 결과가 나오도록 돕는 것이었다. 변화가 시작되었을까?

전혀! 위협자는 말하는 방식을 바꾸는 데 전혀 관심이 없었다. 나는 위협자에게 의도는 훌륭하지만 전혀 안 먹힌다고 알려주며 이의를 제기했다.

루스: (위협자로서) 내가 잘되게 할 수 있다고요!

에이미: (루스에게) 그녀가 당신을 질책하고 두드려 팰 때 어떤 느낌인지 위협자에게 설명하세요.

루스: (위협자에게) 당신이 그런 식으로 말하면 너무 끔찍해. 무가치한 기분이야.

에이미: (위협자에게) 루스가 한 말 들었어요? 루스가 그렇게 느끼지 않도록 말하는 방식을 바꾸고 싶지 않나요?

루스: (위협자로서) 관심 없어요. 내가 잘할 수 있을 거예요.

에이미: (위협자에게) 나는 당신이 루스에게 말하는 방식을 바꿔서 루스와 새로운 관계를 맺을 수 있는 길을 알고 있어요. 그러면 당신과 루스는 협력할 수 있을 거예요.

루스: (위협자로서) 난 바꾸고 싶지 않아요! 난 잘할 수 있다니까요.

완고한 위협자를 논리로 설득하기

나는 위협자가 현실을 파악할 수 있도록 비유를 써 보았다.

에이미: (위협자에게) 당신은 목이 말라요. 저기 음료수 자판기가 있

네요. 1천 원짜리 지폐를 넣고 버튼을 눌렀는데 아무것도 나오지 않아요. 당신이라면 거기 돈을 더 넣을까요? 진짜 목이 마르면, 그럴 수도 있겠죠. 이번에는 500원짜리 동전을 두 개 넣어보죠. 이번에도 아무것도 안 나와요. 기계에 돈을 더 넣으시겠어요? 아마 아닐 거예요! 똑같은 일을 하면서 다른 결과를 기대하는 건 동전을 바꿔 넣고 지폐를 바꿔 넣는 것과 같아요. 500원짜리를 두 개 넣었다가, 다음에는 100원짜리를 10개 넣었다가, 50원짜리도 20개 넣어보고, 그러면서 여전히 음료수가 나오기를 기대하는 거죠. 이 기계에서는 음료수를 못 얻겠구나, 새로운 방법을 찾아야 한다는 걸 인정해야만 해요.

루스: (위협자로서 큰 소리로) 나라면 발로 찰 거예요!

에이미: 발로 찰 거라고요?

루스: 자판기를 발로 차서 음료수를 내놓게 할 거예요!

에이미: 그래도 여전히 아무것도 못 얻으면요?

루스: 음료수를 내놓게 만들 거예요.

에이미: 얼마나 오랫동안 기계를 발로 찰 건가요?

루스: 음료수를 내놓을 때까지요.

에이미: 하지만 기계가 고장이 났어요. 발로 찬다고 해서 음료수를 내놓진 않을 거예요.

루스: 발로 찰 거예요! 내가 음료수를 내놓게 할 거라고요.

에이미: 정말 열심히 하시는군요.

루스: 상관없어요.

에이미: 자판기를 계속 발로 차려면 정말 힘드시겠어요.

루스: 상관없어요.

에이미: 음료수를 얻을 다른 방법이 있다고 말씀드리면요? 그러면 기계를 계속 차지 않아도 될 거예요.

루스: 다른 방법은 원하지 않아요. 음료수를 내놓을 때까지 계속 찰 거예요.

루스의 위협자는 부분들 사이에서 현 상태를 유지하기 위해 많은 걸 쏟아부었다. 위협자가 이렇게까지 말을 듣지 않을 때는 연약하고 상처 입기 쉬운 추방자를 보호하고 있기 때문이라는 걸 나는 경험으로 알고 있다.

추방자를 보호하려는 위협자의 뒤틀린 논리

위협자는 상처 입거나 거부당하지 않기 위해 어린 부분을 비난할 때가 많다. 위협자의 뒤틀린 의도는 "내가 널 먼저 상처 입히면 누구도 널 상처 입히지 못할 거고 그럼 넌 안전해"이다. 때로 위협자는 뒤틀린 논리로 "내가 널 깎아내리면 거부당할까 봐 세상에 나가겠다는 자신감이 안 생기겠지"라고도 말한다. 위협자는 추방자가 매사에 완벽하면 다시는 나쁜 일이 추방자에게 생기지 않을 거라는 왜곡된 사고를 한다.

나는 이 문제를 루스의 위협자와 조금 더 탐색해보기로 했다.

에이미: 자판기를 발로 차는 걸 멈춘다는 건 당신에게 어떤 의미

일까요?

루스: (위협자로서, 방어하는 목소리로) 그건 루스가 약하고 그들이 이겼다는 의미일 거예요.

에이미: 루스가 약하면 어떤 일이 일어날까요?

루스: (조용한 목소리로) 그들이 맞다는 거죠.

에이미: 뭐에 대해서요?

루스: 루스가 실제로 사랑스럽지 않다는 거요. 나는 계속 기계를 걷어찰 거예요.

에이미: 루스를 보호하는 걸 멈추지 않겠다고요?

루스: (슬픈 목소리로) 계속 찰 거예요.

에이미: (루스에게) 루스, 위협자가 뭘 하려는 건지 들었죠? 그녀는 당신이 상처 입지 않도록 보호하려고 해요.

루스: (슬픈 목소리로) 네, 들었어요. 그녀의 의도를 전혀 몰랐어요.

루스는 자신의 어린 부분들이 사랑스럽지 않다고 느끼지 않도록 보호하려는 위협자의 의도를 이해했다. 따라서 루스와 위협자의 관계가 변했다. 루스는 위협자가 자신이 아니라 자판기를 차는 상상을 했다. 멘토가 위협자 역할로 돌아가면 루스와 나는 "그녀가 자판기를 차고 있는 게 분명해요"라며 웃었다. 루스는 이제 이를 그녀의 추방자가 특별히 연약하고 취약하게 느끼고 있다는 신호로 인식했다. 루스는 추방자를 돌보는 데 내면의 현자가 필요하다는 것을 알았다.

뻐기는 위협자

위협자에게는 다른 부분들을 자신의 통제하에 두는 비결이 있다. 자신을 부풀려 실제보다 더 크고 더 무섭고 더 강력하게 보이도록 해 주의를 끄는 것이다.

4장에 사진이 나왔던 조니는 폭식과 부정적인 바디이미지, 낮은 자존감이라는 문제들을 해결하려고 치료실에 왔다. 그녀는 위협자를 '역겨운 삼촌'이라고 부르며 그에 대해 묘사했다. 그는 늘어진 뱃살에 덩치가 큰 남자의 모습이었다. 냄새도 나쁘고 떡진 머리에 이는 썩어 있었다. 콧물이 흐르고, 시가 꽁초를 씹고 있는데 입에서 침이 흘렀다. 옷은 음식 자국과 때로 뒤덮여 있었다.

그는 걸걸한 목소리로 신발 끈을 매는 일부터 토스트에 잼 바르는 것까지 조니가 하는 모든 일을 깎아내렸다. 조니는 그를 두려워했고 없애버리고 싶어 했다. 그녀가 무슨 일을 해도 그는 기뻐하지 않았다. 조니는 그 사실을 알고 있었다. 그가 비판할 때 조니는 존재의 중심까지 자신이 더럽고 냄새나고 못생기고 멍청하고 수치스럽고 쓸모없다고 느꼈다.

나는 조니에게 그는 그저 극단적인 역할로 내몰린 멘토이고 긍정적인 의도를 갖고 있다고 확인해주었다. 하지만 조니는 그를 그려볼 때마다 불안에 압도되었다. 위협자로 인한 불안을 견딜 수 있는 유일한 방법은 내가 위협자를 데리고 다른 방으로 가고 조니는 문 밖에서 듣는 것이었다.

빼기는 위협자의 긍정적인 의도 찾기

역겨운 삼촌은 잘못을 일일이 지적하지 않으면 조니가 계속 잘못할 것이고 쓸모 없는 사람이 될 거라는 믿음이 강했다. 아하! 그게 그의 긍정적인 의도였다. 그는 작은 실수 하나조차 성격상의 큰 결함으로 보는 흑백논리를 갖고 있었다. 하지만 그는 조니가 좋은 사람이 되길 원했다.

나의 격려에 힘입어 조니는 눈을 감고 용기를 내 역겨운 삼촌에게 직접 말을 거는 상상을 했다. 그녀는 그의 괴롭힘 때문에 자신이 무가치하고 사랑스럽지 않고 바뀔 수 없을 것 같은 느낌이 든다고 말했다. 그러자 그는 부드럽게 말했다. 조니가 성장하고 앞으로 나아가길 바란다고, 그녀가 최선의 모습이 되길 원한다고. 그는 그녀가 행복하기를 또 스스로에 대해 기분 좋게 느끼기를 원했다.

갑자기 조니가 놀란 얼굴로 눈을 번쩍 떴다. "그가 작아지고 있어요!" 다시 눈을 감고는 부풀어 올랐던 옷에서 바람이 빠지듯 역겨운 삼촌이 천천히 줄어들고 있는 모습을 묘사했다. 바람이 빠져 주름진 옷 안에 삐쩍 마르고 허약한 노인이 친절한 눈빛과 멋쩍은 표정을 지으며 앉아 있었다. 조니는 물었다. "누구세요? 이게 무슨 일이죠?"

그는 설명했다. "내가 이런 모습일 때 너는 내 말을 듣질 않았어. 네가 내 말을 듣게 하려니 이렇게 크고 시끄럽고 비열해져야 했어. 이제 네가 내 말에 귀를 기울이니 나도 달라진 거지."

위협자, 멘토가 되다

조니는 이 부분을 '왈도 삼촌'이라고 이름 지었다. 내 안내를 따라 조니와 왈도 삼촌은 이전에 소통 패턴이 왜 먹히지 않았는지 오래 이야기를 나눴다. 왈도 삼촌은 조니가 자기 말을 듣기를 원했다. 하지만 그가 크고 시끄럽고 비열했기 때문에 조니는 듣지 않았다. 조니가 자신을 무시했기 때문에 그는 더 크게 악을 쓰듯 소리를 질렀다. 왈도 삼촌은 조니의 기분이 나아지길 원했지만 궁극적으로 (역겨운 삼촌으로서) 그의 장황한 비난으로 인해 조니의 기분은 더 나빠지기만 했다.

둘 다 조니의 기분이 좋아지기를 원했기 때문에 조니와 왈도 삼촌은 함께 협력해서 일하기로 했다. 베타니와 그녀의 멘토가 했던 것처럼, 왈도 삼촌은 부드럽게 말하고 조니는 그의 조언을 듣기로 약속했다. 한쪽이 잊어버리고 옛날 습관으로 돌아가면 다른 한쪽이 새로운 관계에 대해 부드럽게 상기시키기로 했다.

치료 중 조니는 역겨운 삼촌이 자신이 아주 어릴 때 발달하기 시작했음을 깨달았다. 어머니는 강박적으로 청소를 했고, 극도로 불안하고 규칙에 얽매인 사람이었다. 조니는 침대에 앉을 수 없었다. 그녀가 침대에 앉으면 엄마는 침대를 전부 뒤집어 시트를 몽땅 다 빨곤 했다. 깨끗한 접시도 쓰기 전에 다시 씻었다. 조니는 한밤중에 진공청소기 소리에 잠이 깨곤 했다.

조니가 실수를 하거나 규칙을 어기면 어머니는 불안해져서 청소를 하기 시작했다. 조니는 "나는 더러워. 내가 더 깨끗하고 단정하고 착하면, 내가 엄마를 행복하게 해줄 텐데"라고 믿기 시작했다. 이제 조니는 자신을 꾸짖었고, 여기서 역겨운 삼촌과 더러운 추방자 사이의 양극화된 관계가 시작되었다.

반대로 왈도 삼촌은 조니에게 더럽지 않다고 말해주었다. 그는 그녀가 정상이라고 알려주었다. 어린아이가 침대에 앉는 건 정상이다. 깨끗한 접시는 다시 씻지 않고 바로 쓰는 게 정상이다. 그녀가 "너는 더럽지 않아. 넌 있는 그대로 괜찮아"라며 사랑으로 어린 추방자의 짐을 내려놓자 얼마나 안도했는지.

왈도 삼촌과 작업하면서 조니의 자존감과 자신감이 커졌다. 얼마 후 그녀에게 큰 깨달음이 있었다. 내면에서 "더이상 자신을 싫어하지 않아도 돼"라고 말하는 목소리를 느낀 것이다. 그녀는 "나는 아주 착해. 그건 내 잘못이 아니야"라고 내면 깊이에서 깨달았다.

일단 조니가 왈도 삼촌과의 관계를 바꾸자 그녀는 과식이 몸을 망가뜨린다는 것을 인식하게 되었다. 자신이 더럽다는 믿음을 버리자 자신의 몸을 자연스럽게 바라보게 되고 기분이 좋아졌다. 그녀는 마음챙김을 하며 직관적으로 먹기 시작했고 체중이 약간 줄었다. 치료를 끝냈을 때 조니는 자신을 내적으로나 외적으로 아름답다고 느끼는 남자와 친밀하고 사랑스런 관계를 시작했다.

보호하는 위협자

만일 당신이 신체적 또는 성적 학대의 생존자라면 지독하게 악의적인 위협자를 만날 수도 있다. 그는 학대받은 추방자의 기억과 감정과 몸 감각을 억제하는 엄청난 임무를 갖고 있다. 그는 당신이 다룰 수 없을 것이라 믿는 오래된 감정으로부터 당신을 보호하기 위해 엄청나게 노력했다. 그녀는 어쩌면 자신이 권력의 자리에서 내려오면 당신이 완전히 허물어질까 봐 두려워할지도 모른다.

안드레아는 폭력적인 가정에서 자라났다. 그녀와 언니 프란은 알코올 중독인 아버지가 어머니를 때리는 것을 자주 목격했다. 안드레아는 어머니를 보호하려고 자주 개입했다. 그런다고 아버지가 멈추지는 않았고 안드레아에게도 소리를 지르고 때렸다.

아버지는 그녀 앞에서 언니를 안고 뽀뽀하고 이뻐하면서 "나는 프란이 제일 좋아. 내가 사랑하는 건 프란뿐이야"라고 말했다. 아버지는 자매가 경쟁하도록 유도했다. 설상가상으로 프란도 안드레아에게 잔인하게 굴었다. 한번은 추운 겨울날 방충망과 유리 미닫이문 사이에 안드레아를 몇 시간 동안 가둬두기도 했다.

부모님 두 분 다 출장을 다녔기 때문에 안드레아와 프란은 도나라는 입주 베이비시터와 살았다. 부모님이 집에 없을 때 도나는 안드레아가 함께 자는 것을 허락해주었다. 안드레아는 밤에 도나의 품에서 사랑받고 안전한 느낌이었다.

얼마가 지나고, 도나는 안드레아를 성추행하기 시작했다. 안드레아는 도나의 관심과 애정을 받고 싶은 갈망과 동시에 도나가 시키는 대로 하기 싫은 마음 사이에서 분열되었다. 도나에게 멈추라고 하면 도나가 관심과 애정을 거둘까 봐 두려웠다. 이 갈등을 해결하기 위해, 안드레아는 추행이 일어나는 동안 '자기 몸을 떠나는' 법을 배웠다.

마음 깊이 안드레아는 자신이 못생기고 더럽고 수치스럽고 혐오스럽고 무가치하며 전혀 사랑스럽지 못하다고 믿었다. 그녀는 굶은 후에 폭식하고 토했다. 자신이 사랑스럽다고 느끼기 위해 수차례 성형수술과 지방흡입시술을 받아 빚더미에 앉았다. 겉모습이 아름다워져도 내면에서는 계속해서 "난 뭐가 잘못된 거야? 난 왜 루저가 된 거지? 아무도 날 사랑하지 않을 거야. 난 너무 망가졌어"라고 의심했다.

잔인하게 학대하는 위협자

안드레아의 위협자는 다른 부분들을 완전히 통제하기 위해서 폭력적인 아버지의 말투와 태도, 심지어 외모까지 가져왔다. 안드레아의 위협자인 '레이몬드'가 장악하면 그녀의 목소리는 날카롭고 고약해졌다. 얼굴에는 비웃음이 나타나고 몸은 경직되었다.

레이몬드는 안드레아에게 악마처럼 잔인했고 그가 하는 행동의 의미를 안드레아와 내가 알아낼 때마다 전략을 바꿨다. 레이몬드는 안드레아를 철저히 비웃고 저주했으며 끔찍한 이름으로 부르며 욕했다. 안드레아가 자신을 무시하고 학대하는 남자들과 사귀다가 헤어지는 과정을 몇 차례 지켜보면서 나는 안드레아가 학대받은 과거를 재현하도록 레이몬드가 상황을 만들어서 그녀를 벌준다는 것을 깨달았다.

레이몬드는 자살을 통해 학대의 기억과 관련된 고통을 멈추자고 자주 충동질했다. 이 부분에 관해 질문하자 레이몬드는 안드레아가 무력하고 무가치하게 느끼느니 차라리 죽는 게 낫다고 말했다. 나는 레이몬드를 돕는 데 있어서 이 두 선택지 사이에서 중간지대를 찾는 것이 중요하다는 것을 알게 되었다.

안드레아와 나는 안드레아와 레이몬드의 관계를 바꿔야 했다. 하지만 우리가 레이몬드와 작업하려고 할 때마다 두려움과 걱정의 파도가 밀려와 안드레아는 내면의 현자와의 연결을 잃어버리곤 했다. 레이몬드가 장악하기만 하면 안드레아는 예전 패턴에 의존했다.

레이몬드의 긍정적인 의도

레이몬드는 안드레아의 추방자가 불안하고 무력하고 취약하다고 느끼지 않도록 보호하는 아주 중요한 일을 하고 있었다. 때문에 나는 그를 존중하는 태도로 대했다. 나는 레이몬드에게 우리가 그를 없애지 않을 것이며 그가 한 일은 안드레아의 안녕을 위해 정말 중요한 일이었다고 말했다. 하지만 나는 레이몬드가 진정하고 멘토 역할을 하지 않으면 학대받은 추방자를 치유할 수 없다는 것을 발견했다. 우리가 학대받은 추방자에게 다가가려고만 해도 레이몬드는 맹렬하게 덤벼들었다.

레이몬드의 긍정적인 의도를 알아내는 데 몇 달이 걸렸다. 레이몬드는 그녀의 아버지가 옳았다고, 안드레아에게는 타고난 결함이 있다고 믿었다. 어느 날 내가 레이몬드에게 물었다. "잠깐 상상을 해보세요. 만약 안드레아의 아버지가 틀렸다면요? 만일 안드레아는 정말로 사랑스러운 사람이고, 문제가 있는 건 그녀의 아버지인데, 그걸 보지 못했다면요?"

안드레아의 얼굴은 슬퍼졌고 목소리는 부드러워졌다. "그럼 아버지는 왜 절 사랑하지 않았죠?" 레이몬드는 옆으로 물러나 우리가 어린 안드레아, 즉 아버지의 행동을 이해하려 애쓰는 추방자에게 말을 걸 수 있도록 허용해 주었다.

몇 달 동안 안드레아는 추방자가 가진 핵심 신념에 의문을 가졌다. "만일 내가 사랑스럽고 가치가 있다면 아버지는 왜 날 사랑하지 않았지?" 현자의 직관을 통해 그녀는 아버지가 어린 시절의 불우한 환경으로 인해 비열하고 병들고 가학적이고 나쁜 사람이 되었다는 것을 알게 되었다. 안드레아는 아버지의 학대로 인해 수치심을 갖게 된 추방자를 가둬놓았던 자책 부분을 천천히 떠나보냈다. 연민이 많은 안드레아의 현자는, 그녀의 어린 추방자가 애정을 얻기 위해 과거에 했던 모든 일을 용서했다.

레이몬드를 위한 연민

마침내 안드레아도 레이몬드를 이해하기 시작했다. 그녀는 잔인하고 벌주는 행동이 추방자의 끔찍하고 절망적인 감정을 가둬두려는 절박함 때문이었음을 이해했다. 위협자가 엄청난 딜레마로 인해 괴로워했다는 데 연민을 느꼈다. 그러자 해방감과 용서로 이어졌다.

안드레아는 자신의 현자와 점점 더 많이 연결된 상태에 머무를 수 있게 되었다. 그녀는 레이몬드가 고약해지기 시작하는 신호를 인식하는 법도 배웠다. 어린 안드레아가 취약하다고 느끼고 도움이 필요할 때 그렇게 반응한다는 것을 깨달았다.

회복의 순간들

회복 과정에서 당신은 새로운 기술을 매일 실습하는 법을 배우게 될 것이다. 그렇게 하는 동안 '회복의 순간들'을, 즉 다르게 느끼고 생각하는 짧은 시간들을 갖게 될 것이다. 하루 몇 차례 호흡을 통해 자신이 현자 상태로 들어가는 것을 볼 것이다. 고약한 생각이 스칠 때 그것을 붙잡아 "나 자신에게 이런 식으로 말하는 건 싫어. 친구에게라면 어떻게 얘기할까?"라고 말하게 될 것이다.

친구에게 하듯 자신에게 부드럽고 차분하게 말하게 되면 당신 자신을 친구처럼 느끼기 시작할 것이다. 6장에서 추방자를 어떻게 돕고 치유하는지 계속 탐색할 것이다.

회복을 돕는 질문들

아래 질문들을 혼자 조용히 숙고할 수 있는 시간을 갖는다. 스스로에 대해 배운 것을 기록할 수도 있다. 당신의 답을 치료사와 공유할 것을 권한다.

1. 이 장을 읽는 동안 당신에게 불쑥 나타난 부분들을 알아차렸는가? 어떻게 당신은 참나 에너지 상태로 돌아갈 수 있도록 그 부분들에게 옆으로 물러나 달라고 요청할 수 있었나.

2. 당신의 하나 또는 둘 이상의 위협자를 당신은 어떻게 경험하는가.

3. 위협자가 당신을 위해 가진 긍정적인 의도를 발견한 것이 있는가? 당신의 위협자는 더 어리고 더 취약한 부분을 보호하고 있나?

4. 당신이 위협자를 완전히 없애버린다면 삶에서 어떤 면이 엉망이 될까?

5. 당신의 위협자가 멘토 역할을 하는 데 현자에게서 원하는 것이 있는가? 위협자의 말을 듣기 위해 어떤 협상을 해야 했나?

6. 당신의 멘토를 당신은 어떻게 경험하는가? 멘토가 특별히 도움이 되었던 상황이 최근에 있었는가?

6
추방자 치유하기

너무 우울해요. 지난 주말에 친구 결혼식에 갔어요. 좋은 시간을 보내
긴 했는데, 가라앉는 느낌이 갑자기 들었어요. 밤이 깊어가면서 점점
더 외로웠어요. 친구가 가진 것을 저는 절대 갖지 못할 거예요. 나는
결코 그 친구처럼 사랑받지 못할 거예요. 나는 내면 깊이 뭔가 문제가
있어요. 사랑스럽지 않은 사람인 거죠. 나는 그걸 평생 느껴왔어요.
어렸을 때도 부모님에게 나는 큰 골칫거리였어요. −켄드라

켄드라에게 감정이입이 되는가? 섭식장애에 사로잡혀 있을 때 나
도 켄드라와 똑같이 느꼈다. 당신은 늘 표면 아래 불안감이나 깊은
슬픔과 비통함, 본질까지 결함이 있다고 느낄 수 있다. 혹은 사람이
가득한 방으로 걸어 들어가 '여기 있는 모든 사람이 날 싫어해. 난 문
제가 있어'라고 생각하며 무가치함과 수치심을 느낄 수 있다. 자기
회의에 압도되어 자신의 생각과 느낌과 반응 모두를 의심할 수도 있
다. 때로는 혼자라고 느끼지 않으려는 절박한 심정으로 뭐든 한다.

자, 추방자의 끔찍한 세상에 온 것을 환영한다.

아이의 특성

추방자를 경험하는 것은 상당히 괴롭겠지만, 아이 부분으로 있는 것
은 무척 좋다고 느껴진다. 당신의 아이 부분은 모든 감각으로 삶을
경험한다. 흥분과 호기심, 경외감과 경이로움, 장난기와 유머, 우스
꽝스러움, 일을 너무 심각하게 받아들이지 않는 능력, 이 모두가 아
이 부분에서 온다.

　아이는 대개 감정과 몸의 감각으로 경험된다. 당신의 아이가 아주
어리다면 비언어적인 몸짓과 움직임, 그림과 표정으로 소통하기도
한다.

아이에서 추방자 연속선

위협자와 멘토처럼 아이와 추방자도 연속선 위에 있다(그림 6.1 참조).
아이가 균형 잡혀있을 때는 만족해하고 가치가 있다고 느낀다. 아이
는 장난기 넘치고 기쁨으로 가득하다. "해야 할 일이 있을 때, 재밌
는 요소가 있지. 그 재미를 찾아 그리고 딱! 일은 게임이야!"라는 메
리 포핀스에 나오는 노래처럼 당신이 하는 일을 즐겁게 만들 수 있
다. "설탕 한 스푼이면~~~" 흥얼거리고 있다면 당신은 지금 아이
부분과 접촉하고 있다.

　아이는 유머 감각을 갖고 있고 긴장을 가볍게 풀어줄 수 있다. 당
신이 새로운 것을 배우기 좋아하는 것도 인생이 경이로움으로 가득
한 아이 부분에서 온다. 아이는 아주 사소한 것도 재미있어한다. 사

람들과 함께 있는 것을 좋아하지만 혼자 있어도 괜찮다.

그림 6.1 아이에서 추방자까지 연속선

추방자		아이
불안한, 겁에 질린, 슬픔, 고뇌, 무가치함, 자기 의심, 수치심, 무방비의, 짐을 진 혼자인, 과다 경계하는, 화가 난		장난기 있는, 기쁜, 유머 감각, 경외감, 경이로움, 만족한, 가치감
제일 극단적	⋯ 연속선 ⋯	제일 균형 잡힌

추방자의 특성

그림 6.1에서 선의 왼쪽에는 무거운 짐과 기억, 감정과 감각, 과거의 경험을 가진 추방자가 있다. 내가 이 부분을 추방자라 부르는 이유는 그 부분의 고통스런 감정과 기억을 촉발하지 않기 위해 다른 부분들이 그 부분을 벽장에 가둬두었기 때문이다.

추방자가 어리고 삶이 던져주는 과제를 다룰 만한 도구를 갖고 있지 않기 때문에 추방자는 부적절하고 무력하고 자신을 지킬 수 없다고 느낄 때가 많다. 그 결과 추방자는 불안하고 겁에 질려 있다. 모든 것이 파국으로 느껴질 수 있다. 위험이 가까이 오지 못하게 하려고 추방자는 과하게 경계하며 언제나 조심한다. 오랜 무효화의 시간 때문에 추방자는 자신의 감정과 생각과 반응을 의심한다.

진짜 어린아이처럼 추방자는 자신이 모든 사건의 원인이라 생각한다. 사건이나 상황, 다른 사람들의 행동이나 생각과 감정을 자신이 통제할 수 없을 때 추방자는 무서워한다. 잘못된 시간에 잘못된 장소에 있었다는 것 외에 다른 이유 없이 나쁜 일이 일어나면 추방자는 불안해진다.

추방자는 나쁜 일이 생기면 자신을 비난한다. 통제 불능의 느낌보다 자기 비난이 낫기 때문이다. "내 잘못이면 내가 잘못된 부분을 고칠 수 있어. 내 잘못이면, 모든 일을 내가 통제해서 나아지게 할 수 있어."

위협자처럼 추방자 역시 흑백논리로, 전부가 아니면 전무, 완벽/실패라는 식으로 사고한다. 어떤 한 사람이 싫어한다고 "나는 호감형이 아니야"라고 생각한다. 한 사람이 비판했을 뿐인데 추방자는 "나는 모자라"라고 생각한다. 그래서 누군가 자신에게 동의하지 않거나 화를 내면 자신이 존재의 중심부core까지 비호감형이고 사랑스럽지 않다고 느낀다.

벽장 속에 갇힌 추방자는 불행과 불안과 슬픔 속에 단절되고 고립되고 완전히 혼자라고 느낀다.

추방자의 핵심 신념

추방자는 당신의 핵심 신념체계, 당신이 과거에 내면화한 메시지들을 갖고 있다. 당신이 자신에 대해서 깊이 믿고 있는 신념들, 정체성의 근거이자 자기 존재에 대한 정의 같은 것들 말이다. 추방자는 흔히 "내면 깊이 나는 뭔가 잘못됐어요. 난 충분하지 않아요. 나는 호감형도 아니고 사랑스럽지도 않아요"라고 진심으로 믿는다.

당신은 3장에서 만났던 디에나가 묘사하는 추방자의 핵심 신념에 공감할 것이다.

> 내 몸속 깊이 (추방자는) 나는 나쁘고, 아빠가 내게 한 나쁜 말과 행동은 다 내 잘못이라는 신념을 붙잡고 있어요. 왜 내가 이런 부정적인 믿음을 갖게 됐는지 어느 순간 알게 됐어요! 어렸을 때 나는 부모님은 옳고 나는 나쁘다고 믿어야 했어요. 다르게 생각하기에는 세상이 너무 위험하고 혼란스러워 보였으니까요.

추방자의 기억 보호하기

당신의 기억을 간직한 추방자는 그 기억으로 인해 수치스럽고 역겹고 무가치하다고 느낀다. 그 기억이 트라우마라면 그녀의 감정과 반응은 고통스러울 수 있다. 당신의 다른 부분들은 추방자의 극단적인 감정과 고통스러운 기억을 멀리 가둬두기 위해 많은 것을 쏟아붓는다. 위협자는 추방자가 하는 모든 행동과 말을 가혹하게 비판하고 판단한다. 그로 인해 "나는 호감형이 아냐. 나는 무가치해"라는 핵심 신념이 더 강화된다. 추방자는 혼자라고 느끼고는 다른 사람에게 호감을 얻으려고 너무 많이 애쓴다. 위협자는 놀라서 추방자를 더 비난한다. 산만하게 하고 마비시키고 반항하는 말썽꾼도 이 싸움에 끼어들어 칼로리를 계산하고 과식하거나 절식하고 화를 내며 반항하거나 행동으로 표출한다.

추방자의 불안 이해하기

추방자의 불안은 강력한 감정이다. 불안이 어떤 식으로 작동하는지 이해하면 겁을 덜 먹게 된다. 훈련을 통해 몸과 마음을 빠르게 안정시킬 수 있다.

싸우거나 도망가기

불안은 본능적인 생존 메커니즘으로 뇌에서 제일 원시적인 부분인 뇌간과 변연계에서 수만 년에 걸쳐 발달했다. 원시인의 뇌는 검치호랑이를 만나면 '위협'이라 인식하고 싸우기나 도망가기 반응을 활성화했다. 혈액 속으로 아드레날린이 분비되어 심장박동이 빨라지고 호흡은 얕고 가빠지고 근육은 긴장되고 감각은 고조된다. 호랑이와 싸우거나 도망가기 위한 준비이다.

뇌에서도 변화가 일어난다. 상황을 분석하고 선택하고 결과를 예측하고 계획하고 결정을 맡고 있는 뇌의 영역인 신피질로 가는 혈류가 심장박동과 호흡을 조절하는 뇌간으로 돌려진다. 혈류는 감정과 기억의 집인 변연계로도 보내진다. 원시인의 생각은 정신없이 내달리고, 순전히 감정과 본능에 의해 몸이 움직인다.

트라우마를 기억하면 생존이 보장된다

호랑이와의 조우에서 살아남은 원시인의 뇌는 그 경험을 기억했다가 다음 기회에 생존에 활용한다. 호랑이가 가까이 왔는지 파악하기 위해 극도로 예민해져서 항상 주변을 경계한다. 과거 트라우마 경험을 상기시키는 무언가가 있으면 기억은 "위협!"이라고 뇌를 자극해 아드레날린을 분비한다. 주변에 호랑이가 없으면 아드레날린은 잠시 후 자연스럽게 몸 안에서 연소한다. 옛날에는 후회하는 것보다 안전한 게 나았다.

만일 당신이 신체적, 언어적 또는 성적인 폭행의 생존자라면 당신의 뇌는 위협에 대비해 경계하도록 훈련되었다. 원시인과 똑같이 과거 트라우마 경험을 상기시키는 상황에서 기억이 뇌를 자극해 몸에 아드레날린이 분비된다.

한 가지 문제는, 뇌가 사회의 변화를 따라잡지 못했다는 점이다. 우리는 더 이상 검치호랑이에 잡아먹힐까 두려워하지 않아도 된다. 버스에 치이기 직전이라면 자동으로 아드레날린이 분비되고 금방 연소되는 게 나쁘지 않다. 하지만 20세기에 아드레날린 분비는 대부분 불필요하다.

게다가 뇌는 실제 위협과 상상한 위협을 구분하지 못한다. "아, 안 돼! 살이 찌면 어떡해?" "내가 불평하면 상사가 싫어할 거야!" 이런 생각을 할 때는 싸우거나 도망갈 필요가 없다. 그래도 아드레날린이 자동 분비된다.

"안 돼! 손이 떨리잖아! 불안 발작이 일어나면 어떡하지! 동료들이 내가 미쳤다고 생각하면 어떡해!"라는 식으로 불안 증상이 시작되면, 당신의 뇌는 이를 또 다른 위협으로 여기고 또 아드레날린을 분비한다. 몸과 마음의 속도는 더 빨라진다. "아이고, 뭐가 잘못된 거지? 나 죽나 봐! 심장마비인가 봐!"라고 두려워하면 여지없이 아드레날린이 더 나온다. 이런 식으로 계속된다.

불안은 우리의 사고방식을 바꾼다
실제로 싸우거나 도망가야 할 위협이 없더라도 생생한 두려움과 파멸을 느끼게 된다. 이것이 불안이 가진 문제점이다. 당신이 진짜 같다고 느끼면 추방자는 진짜라고 믿는다. "느낌이 너무 끔찍해! 뭔가가 정말 잘못됐나 봐!"

불안은 당신을 미래로 밀어 넣는다. "(미래에) 나쁜 일이 생기면 어떡해!? 누가 화를 내면 어떡하지? 곤경에 처하면 어쩌지?" 피가 전두엽 피질에서 물러나기 때문에 당신은 명료하게 생각하지도 못하고 이전에 불편한 상황을 무수히 넘겼다는 것도 기억하지 못한다.

불안 때문에 당신은 가능한 일과 개연성이 있는 일을 분별하는 능력을 잃는다. 불안할 때는 잘못될 가능성이 있는 일은 다 잘못될 것 같다. 또 불안할 때 추방자는 절대 다시 좋아지지 않을 것이며 그걸 견디지 못할 거라 믿는다. 이러면 말썽꾼을 자극하고, 말썽꾼은 재빨리 당신을 산만하게 하거나 마비시켜 불안을 느끼지 못하도록 행동한다.

불안한 추방자 진정시키기

불안한 추방자에게는 자신의 몸과 감정과 마음을 진정시키는 데 도움이 될 현자의 개입이 필요하다. 당신의 현자는 아무리 불편한 감정이라도 생겨났다가 정점에 달하고 궁극적으로 사라진다는 걸 안다. 감정은 일시적이며 영원히 지속되지 않는다. 당신의 현자는 당신이 불편함을 견딜 수 있으리라는 점을 안다. 과거에도 불편한 상황을 많이 지나왔고 살아남았다.

참나 상태로 호흡해 들어가 추방자를 안아준다고 상상한다. 달래는 목소리로 진정시키는 만트라를 그녀에게 들려준다. "다 괜찮아질 거야. 내가 여기 너랑 함께 있어. 지금은 불편하지만, 지나갈 거야. 도움을 청하는 것도 괜찮아."

추방자가 너무 불안한 상태면 추방자를 물러나게 해서 현자 상태에 들어가기가 어려울 수 있다. 그때는 현자가 당신을 안고 달래는 목소리로 진정시키는 만트라를 반복해서 들려주는 상상을 해야 한다.

불안의 첫 징조에 추방자를 진정시키는 편이 더 쉽다. 하루에 여러 차례 자신을 확인하고, 만일 긴장이나 걱정이 있으면 호흡으로 현자 상태로 들어가 추방자가 더 불안해하기 전에 추방자를 진정시킨다.

추방자가 사라진다면

"난 어린아이가 아니야. 이제 좀 성장하자! 기운 내! 난 왜 과거를 흘려보내질 못하지?"라고 생각할지 모른다. 추방자가 없는 게 더 나을 거라 느낄 수 있다. 당신이 폭력피해 생존자라면 당신의 추방자가 너무 많은 아픔과 수치심을 느끼기 때문에 추방자만 없으면 잘못될 일이 없을 것 같다.

그럼, 한번 시도해보자. 추방자가 영원히 사라졌다고 상상한다. 당신의 첫 반응은 무엇인가? 안도감? 자유로움? 잠시 그 느낌을 누리도록 해드리겠다.

하지만 추방자를 없애는 건 아이 부분을 없애는 것이기도 하다. 당신 내면에 아이가 없다면 어떻게 될까? 아이 부분이 없다면 멘토가 장악해서 생산적이고 효율적으로 살 것이다. 매일이 그저 일, 일, 일이 될 것이다.

아이 부분이 없으면 그 무엇도 흥미롭거나 매력적이지 않다. 그 무엇도 즐겁지 않다. 재미있고 웃기는 일도 없다. 인생이 따분하고 건조하고 지루하고 너무 논리적이고 진지하다.

어느 정도의 두려움이나 조심성이 없다면 반항적인 말썽꾼이 무모하고 생각 없이 또는 무책임하게 행동할지 모른다. 한 치의 의심도 없다면 오만하고 자신감이 넘쳐 당신이 감당할 수 있는 것보다 더 큰 일을 떠맡을 것이다.

악순환 멈추기

위협자와 멘토처럼 추방자와 아이도 당신에게서 세 가지를 원한다. 첫 번째는 자신의 이야기를 들어주는 것이다. 그녀는 자신의 이야기를 당신에게 하고 싶어 한다. 다음으로는 그녀가 **당신에게서** 필요로 하고 원하는 것을 찾아내야 한다. (위협자의 말을 경청하는 것과는 다르다는 점을 알아차린다. 위협자의 이야기를 들을 때는 그녀가 당신을 **위해** 원하는 것을 찾아낸다.) 마지막으로, 당신은 그녀가 필요로 하는 것을 보살펴야 한다.

위협자와 작업할 때와 똑같이 추방자와 작업할 때도 참나 상태에 머물러야 한다. 중학교 밴드부를 지도교사가 책임져야지 다른 부분이 장악하도록 놔두면 안 된다. 앞의 두 장에서 배운 실습을 통해 멘토가 협조적으로 변해야 한다. 그래야 당신의 현자가 추방자를 치유할 때 방해할 가능성이 적다.

이 책을 읽는 동안 참나의 특성 외에 불안이나 두려움, 자기 비난, 무가치감 등을 느끼면 추방자가 장악한 것이다. 만일 분노나 혐오, 미움이 있다면 위협자가 있는 것이다. 깊이 호흡하면서 현자 속으로 들어간다. 고요함과 용기와 연민을 가지고 그 부분을 옆으로 물러나 있게 하고 계속 읽어라. 당신이 읽는 동안에 그 부분이 필요로 하는 것을 주면 된다.

추방자를 아이로 변모시키기

베타니와 진행한 세션으로 다시 시작해보자. 베타니 세션은 쉬운 경우였다. 더 힘든 사례들은 나중에 탐색해 보겠다. 앞 장에서 위협자와 작업할 때 베타니는 위협자로서 말을 했다. 이번에 나는 베타니가 참나 상태에 머무르도록 하고 현자로서 추방자에게 말하도록 할 생각이다.

베타니는 엄청 속이 상한 상태로 치료실에 왔다. 그 전날 심하게 폭식했다. "왜 그랬는지 나도 몰라요. 별다른 일도 없었거든요. 그냥 평범한 주말이었어요. 근데 갑자기 가게에 가서 먹을 걸 엄청 사 왔어요. 너무 외로웠어요. 다 먹고 토하고 나니까 기분이 나아지고 차분해졌어요."

베타니는 부모님과 벼룩시장에 갔다. 자주 하던 일이었다. 그들은 흩어져 따로 돌아다니다가 2시에 입구에서 만나기로 했다. 헤어지는 순간 아버지가 화난 목소리로 "2시에는 꼭 와라. 늦지 마. 여기서 너 기다리는 거 싫다"라고 소리쳤다.

벼룩시장을 돌아다니는 동안 베타니는 시간에 신경 쓰느라 부담이 돼서 제대로 즐기지 못했다. 아버지를 화나게 하지 않으려고 비 오고 추운데 20분 일찍 입구로 돌아갔다. "추워 죽겠는데 비 맞으며 부모님을 기다리고 있으려니 내가 큰 잘못을 저지른 사람 같았어

요. 두 분은 2시 반에, 30분이나 늦게 와 놓고 사과 한마디 없더라고
요."

추방자 확인하기

나는 베타니에게 벼룩시장에 있는 것처럼 상상해 보라고 주문했다.
그녀는 뒤로 물러앉아 의자에 몸과 머리를 기대고 눈을 감았다. 잠
시 후 그녀는 고개를 끄덕였다. 그녀는 그곳에 가 있었다.

에이미: 베타니, 어떤 기분이에요?

베타니: 불안해서 죽을 것 같아요.

에이미: 많이 불편한 거 잘 알지만, 잠깐 그 느낌에 머물러 보겠
어요? 그 느낌이 몸 어디에서 느껴져요?

베타니: 가슴이요. 숨을 쉬기가 힘들어요.

에이미: 좋아요. 그 느낌을 가슴에서 느껴보세요. 다른 느낌과 구
별하시고요. (베타니가 고개를 끄덕일 때까지 기다렸다.) 숨을 깊이 들이
마시고 가슴 이 부분에서 '한 걸음 물러나세요.' 이 부분이 마치
앞에 서 있는 것처럼 바라보세요. 내가 이 부분과 당신 사이에
마법으로 장막을 친다고 상상하세요. 당신은 그 부분을 보고
들을 수 있지만, 그 부분은 당신을 보지도 듣지도 못해요.

'장막'은 베타니가 확실하게 참나 에너지 상태가 될 때까지 추방자
를 보호하면서 추방자에 대한 그녀의 감정을 탐색한다. 적대적이거
나 극단적인 다른 부분들이 갑자기 나타나 자리를 차지할지 모르기

때문에 이런 방법이 필요하다.

> 베타니: (잠시 침묵한 뒤) 좋아요.
>
> 에이미: 그 부분이 어떤 형태를 띠도록 해보세요. 당신이 이 느낌을 바라볼 때 누구 또는 무엇이 보이나요?
>
> 베타니: 어릴 때 제 모습이요.
>
> 에이미: 그 소녀는 몇 살이에요?
>
> 베타니: 대여섯 살요.
>
> 에이미: 어떻게 생겼어요?
>
> 베타니: 머리카락이 뒤엉키고 팻국물이 줄줄 흘러요.

추방자를 처음 볼 때, 어린아이는 더럽고 지저분하고 씻지 않은 모습일 수 있다. 더러움은 "나는 더러워. 나는 나빠"라는 아이의 수치심을 상징한다. 현자는 아이가 지저분하지만 내면 깊이 사랑스럽다는 것을 안다.

> 에이미: 아이가 뭘 하고 있어요?
>
> 베타니: 그냥 혼자 서 있어요. 정말 걱정스러워 보여요. 먹을 걸 원해요. 그럼 기분이 좋아진다는 걸 아이는 알아요.

베타니가 추방자를 묘사했다. 그다음에는 베타니가 현자 상태에 있도록 해서 다른 부분이 통제하지 않도록 해야 한다.

에이미: 어린 소녀를 바라보면서 아이에 대한 느낌이나 생각을 말해주면 좋겠어요. 아이의 느낌이나 생각이 아닌, 당신의 느낌이나 생각을 말해주세요.

베타니: 제 생각에 아이가 슬퍼하고 있어요. 자기가 완전히 혼자라고 느껴요.

베타니는 자신의 감정이 아니라 추방자의 감정을 말하고 있다. 나는 베타니가 추방자로부터 분리되고 추방자의 감정에 장악되지 않기를 원한다. 질문을 바꾸어 다시 묻는다.

에이미: 아이가 슬프고 혼자라고 느끼는 것에 대해 당신은 어떤 느낌이에요?

베타니: 애는 더 강해져야 해요. 그런 일에 너무 신경 쓰지 말아야죠.

'해야만 한다'라는 표현은 위협자가 추방자를 판단하고 있다는 경고로 들렸다. 위협자가 통제하고 있다면 추방자는 더 상처를 입게 된다.

에이미: 어린 소녀가 더 강해져야 한다고 느끼는 부분을 찾아보겠어요? 그 부분은 몸 어느 부분에서 느껴지나요?

베타니: 머릿속이요.

그 부분이 머리에 있다는 말에 위협자가 활동 중이라는 나의 의심이 맞다는 게 확인되었다. 이 부분에게 옆으로 물러나 달라고 요청해서 베타니의 현자가 현존할 수 있도록 해야 한다. 위협자가 물러나지 않으면 앞에서처럼 어린 소녀와 작업하는 걸 멈추고 위협자와 작업할 것이다.

> 에이미: 베타니, 그 부분에게 어린 소녀에 대한 생각을 알려줘서 고맙다고 말해주세요.
> 잠시 뒤 베타니가 고개를 끄덕인다.
> 에이미: 그 부분에게 우리가 그녀의 의견을 소중하게 여기지만 지금은 당신의 현자가 어린 소녀에게 말하는 게 중요하다고 설명해주세요. 그 부분에게 옆으로 물러나 달라고 요청하세요.
> 베타니: 그녀가 대기실로 갔어요. 나중에 시간을 좀 달래요.
> 에이미: 좋아요. 어린 소녀가 돌봄을 받았다는 느낌을 받으면 그녀와 이야기를 나누겠다고 말해주세요.

베타니는 이전에 위협자와 작업한 적이 있어서 위협자는 금방 멘토 역할로 돌아갈 수 있었다. 멘토는 참나가 자신을 이 과정에 포함시켜 주고 자신의 말을 들어줄 거라 신뢰했다.

현자의 특성 이용하여 추방자 이해하기

나는 다시 한번 베타니가 현자 상태에 있는지 아니면 다른 부분이 활동하고 있는지 확인했다. 만일 다른 부분이 있으면 이 과정을 반복해야 한다.

> **에이미:** 다시 내면으로 가서 어린 소녀를 바라보세요. 아이에 대해 어떤 느낌이나 생각이 드세요?
>
> **베타니:** 아이가 안됐어요.
>
> **에이미:** 다른 건요?
>
> **베타니:** 아이를 보살펴주고 싶어요.

베타니가 연민이나 참나의 특성을 느끼고 있으면 나는 참나가 현존하고 있음을 안다. 어린 소녀에게 접근하기 전에 현자를 강화해 다른 부분들이 다시 끼어들지 않도록 하고 싶다.

> **에이미:** 그런 감정을 어디에서 느껴요?
>
> **베타니:** 마음 깊이요.
>
> **에이미:** 그런 감정을 더 강하게 할 수 있는지 보세요. 심호흡을 하면서 어린 소녀가 안됐다고 느끼는 현자 속으로 들어가 보세요. 그 느낌이 커지도록 해보세요. 연민이 안에서 커지도록 허용하세요.
>
> 베타니가 심호흡을 한다. 그녀의 얼굴과 몸이 이완된다. 베타니가 고개를 끄덕인다.

추방자, 현자를 만나다

> **에이미:** 이제 장막을 내려서 어린 소녀가 당신을 알아본다고 상상해 보세요. 무슨 일이 일어나는지 제게 알려주세요.

베타니: 저를 미심쩍어해요. 내가 괜찮은 사람인지 확신하지 못해요.

에이미: 어떤 말이나 행동을 하면 당신이 아이 편이라는 확신을 줄 수 있을까요?

베타니: (깊이 숨을 들이쉬고 한참을 침묵한다) 내가 무슨 행동이나 말을 할 필요는 없을 것 같아요. 나는 그냥 아이를 바라보며 사랑을 느끼고 있어요. 아이는 내 눈을 보면서 내 연민을 느끼고 있어요. 안심하는 것 같아요.

끔찍한 학대 상황을 겪은 사람은 추방자가 현자를 신뢰할 수 있다고 믿는 데 시간이 좀 걸릴 수 있다. 인내심과 일관성을 갖고 반복하면 추방자는 결국 당신이 진심이고 자신에게 상처 주지 않을 것임을 신뢰하게 된다.

이번에는 참나의 특성 가운데 차분함과 연민과 호기심을 동원해서 폭식으로 이어지게 된 사건을 탐색해보자.

추방자의 이야기 탐색하기

에이미: 어린 소녀가 불안해했던 벼룩시장으로 돌아가봐요. 어린 소녀에게 뭐가 잘못됐는지 물어보세요.

베타니: 아이 혼자 기다리고 있어요. 아이는 부모님이 데리러 오지 않을까 두렵고 뭘 해야 할지 몰라요. 이제 겨우 5살인데 겁에 질리는 것도 당연하죠.

추방자가 현재의 상황(이 경우 벼룩시장에서 추위 속에 기다리는 일)에 감정적으로 반응하는 일은 흔하다. 왜냐하면 그 상황에서 추방자는 과거 상황에 대한 감정적인 반응이 떠오르기 때문이다. 조심스럽게 베타니와 나는 이를 탐색한다.

에이미: 당신은 벼룩시장에서 기다리다가 불안해졌어요. 여기에 대해 좀 더 얘기해 주세요.

베타니: 벼룩시장에서 기다리다가 불안해진 게 기억나요. 내가 뭔가 잘못해서 부모님이 늦게 오시는 게 아닌가 걱정됐어요. 그 상황을 마음속으로 계속 살펴봤는데 두려움을 떨쳐낼 수가 없었어요.

에이미: 내가 뭔가 잘못하면 어떤 일이 일어날까요?

베타니: 아빠가 화가 나서 소리를 지르실 거예요.

에이미: 오늘 아빠가 소리 지르는 게 두려웠어요, 아니면 5살 때 아빠가 소리 지르는 게 두려웠어요?

베타니: 둘 다일 거예요. 우리 아빠는 화를 잘 내고 심하게 소리를 질러요. 아빠가 소리를 지르면 내 잘못인 것처럼 죄책감이 들어요. 문제가 뭐였는지는 중요하지 않아요.

에이미: 지금은 아이가 어디에서 보이세요? 아이가 여전히 벼룩시장에 있나요?

베타니: (눈을 감는다) 음, 잠깐만요, 아뇨… 체조수업이 끝나고 밖에서 아빠가 데리러 오길 기다리는 게 보여요. 바깥에서 기다리고 있는데 날씨가 추워요. 아이는 따뜻하게 안에서 기다리고

싶은데 그러면 아빠 차가 오는 걸 못 볼지도 몰라요. 그럼 아빠가 화가 나서 소리 지를 거예요.

에이미: 아이는 어떤 생각이나 감정일까요?

베타니: 아빠가 데리러 오지 않으면 어떻게 집에 갈지 궁리하고 있어요. 걸어가기에는 너무 멀고 밖이 어둡다는 걸 알거든요. 아이는 버스를 두 번 탄다는 건 아는데 어느 버스를 타야 하는지는 몰라요.

에이미: 아빠가 왜 늦는지 아이가 알고 있나요?

베타니: 아뇨. 아빠는 늘 늦어요. 아빠는 늘 늦게 출발해서 교통체증에 걸려요. 아빠가 아이를 만날 때쯤이면 화가 많이 나 있어요. 교통체증에 걸려 고생했다고 아이에게 고함을 지를 때가 많아요.

에이미: 그런 일이 생기면 어린 소녀는 어떤 느낌인가요?

베타니: 자기 잘못이라고 느껴요. 성가시게 굴면 안 된다고요. (우리는 여기서 베타니의 핵심 신념, 즉 "나는 짐이다"를 찾아냈다.)

에이미: 다시 한번 깊이 숨을 들이마시세요. 아이를 연민으로 바라보세요. 그게 아이·잘못으로 보이세요?

베타니: (잠시 조용히 있다가 부드러운 목소리로 대답한다.) 아니죠. 부모님이 체조수업을 등록하신걸요. 아이가 아니라 그분들 생각이었어요. 수업 끝날 때 제시간에 오는 게 그렇게 어려우면 다른 방편을 마련할 수 있었어요. 다른 수강생 부모가 집에 데려다줄 수도 있었어요.

에이미: 이 사실을 어린아이에게 말해준다고 상상할 수 있으세요?

베타니는 눈을 감고 한동안 아무 말도 하지 않았다.

베타니: 아이는 여전히 기분이 안 좋아요. 자기는 나쁜 아이이고 곤란에 처할 것 같아요. ("나는 나쁘다"는 또 다른 핵심 신념)

에이미: 당신은 아이가 나쁘다고 보세요? 당신은 아이를 어떻게 보세요?

베타니: (고개를 젓는다) 아뇨. 그냥 어린아이인걸요. 아이는 참 특별해요. 똑똑하고 재능도 많아요. 친구들이랑 같이 있을 때는 정말 재밌고 웃겨요. (베타니가 활짝 웃는다.) 전 애가 좋아요.

에이미: 당신이 아이를 좋아한다는 걸 아이에게 보여줄 수 있어요?

베타니가 미소 짓는다. 한참 뒤 고개를 끄덕인다.

에이미: 뭐가 보이세요?

베타니: (소파 쿠션을 안는다) 제가 아이에게 두 팔을 둘렀어요. 아이가 제게 미소 지어요. 와! 아이가 달라 보여요. 더이상 더럽지도 엉망진창도 아니에요.

추방자는 감각 지향적이기 때문에 당신의 아이를 치유할 때는 모든 감각을 사용한다. 추방자를 안는다고 상상할 때 큰 베개를 안으면 안는다고 생각만 하는 것보다 더 만족감이 크다.

추방자의 욕구 발견하기

참나의 연민으로 추방자의 짐을 내려놓을 때, 아이는 현자의 애정 어리고 수용적이며 확신에 찬 눈으로 자신을 보게 된다. 현자는 어린 소녀의 가치와 그녀에게 일어난 일을 분리할 수 있다. 참나는 어린 소녀의 잘못이 아니라고 반복해서 확인시킨다. 그런 일이 아이에게 일어났을 뿐, 아이와 상관없다고. 그런 사건에 연루됐을 뿐 그 사건의 원인은 아니라고.

추방자에게서 다른 이들의 비판과 의견을 없애고 과거의 경험을 떠나보내도록 돕고 나면 추방자의 외모가 바뀔 때가 많다. 베타니는 어린 소녀가 씻지 않고 엉망인 모습에서 깨끗하고 좋은 옷을 입은 아이로 바뀐 것을 보았다.

에이미: 어린 소녀가 지금 당신에게 뭘 필요로 하나요?

베타니: (잠시 조용히 있다가 대답한다) 아빠가 늦은 게 자기 잘못이 아니란 걸 알고 싶어 했어요. 저는 아이가 잘못한 건 하나도 없다고 말해줬어요. 겁에 질렸는데도 어떻게 해야 할지 알아내려고 애쓴 게 자랑스럽다고 말해줬어요.

베타니: (부드러운 목소리로 어린 소녀에게 직접 말한다) 겁이 나도 괜찮아. 그런 상황에서는 누구라도 겁이 날 거야. 넌 겁이 난다고 우는 아이는 아니잖아.

에이미: 아이가 어떻게 받아들여요? 어떻게 반응해요?

베타니: 아이 기분이 좀 나아졌어요.

에이미: 어린 소녀가 지금 뭘 원해요?

베타니: 그냥 자기를 안아주길 원해요.

에이미: 당신이 어떤 말을 해주길 원해요?

베타니: 자신이 괜찮은지 알고 싶어 해요.

에이미: 당신에게 뭘 물어보고 싶어 하진 않나요?

베타니: 아빠가 왜 자신을 사랑하지 않는지 알고 싶대요.

에이미: 다시 한번 호흡하며 현자 상태로 들어가세요. 아이에게 무슨 말을 해주고 싶어요?

베타니: (심호흡을 하고 어린 소녀에게 말한다.) 아빠가 바빠서 너를 챙겨주지 못했어. 아빠 어렸을 때 사는 게 힘들어서 속에서 화가 많이 나 있어. 그건 네 잘못이 아냐. 아빠는 그냥 그런 사람인 거지.

에이미: 아이가 그 말을 어떻게 받아들여요?

베타니: 위로를 받은 모습이에요. 아이가 저랑 있는 걸 좋아해요. 제 관심을 좋아해요.

에이미: 그걸 잠시 느껴보세요.

베타니가 미소 짓는다.

에이미: 제가 당신에게 뭘 하라고 요청할 거예요. 생각하지 말고 그냥 떠오르도록 허용하세요. 역할을 바꿔 봐요. 어린 소녀가 되세요. 당신은 따뜻하고 연민이 많은 이 여성에게 안겨 있어요.

베타니: (깊이 숨을 쉰다. 잠시 후 조용히 울기 시작한다) 정말 안심이 돼요. 이제 혼자가 아니라는 느낌이 들어요.

역할을 바꿈으로써 베타니는 현자와 연결되어 돌봄을 받는 데서 오는 깊은 안도감을 경험했다. 감정과 감각으로 함께 경험함으로써 베타니의 변연계에 저장된 기억과 감정이 해소되고 치유되기 시작했다. 또한 어린 소녀를 돌보는 일이 기분 좋게 느껴졌기 때문에 베타니는 아이를 돌보는 시간을 기꺼이 기다리고 또 기다리게 되었다.

추방자의 핵심 신념을 촉발하는 상황들

이 치료 회기 후에 베타니는 폭식하고 토하는 악순환을 바꾸려고 열심히 노력했다. 어린 소녀를 돌봐야 한다는 점을 상기하기 위해 베타니는 행복하고 만족해 보이는 어린 시절의 사진을 침대 옆 탁자에 두었다. 아침에 눈을 떠서도 잠들기 전에도 보는 게 바로 이 사진이었다. 베타니는 어린 소녀의 사진을 장난스레 톡 건드리며 "귀요미, 안녕!"이라고 말했다.

베타니는 자신이 나쁘고 중요하지 않고 사랑스럽지 않다는 어린 소녀의 핵심 신념을 자극하는 상황에 주의를 기울였다. 다른 사람이 화가 났거나 자신이 혼자 남겨졌다고 느끼거나 누군가를 기다려야 하는 상황이 되면 그 신념이 자극을 받는다는 것을 알아차렸다. 직장동료들이 자기네끼리 웃고 떠들면 가슴에 '어' 하는 느낌이 드는데, 그게 어린 소녀가 불안하고 폭식하고 싶어하는 신호임을 알아차렸다.

베타니는 피곤하거나 압도당하는 느낌이면 어린 소녀가 과민해져 더 쉽게 상처 받는다는 데 주목했다. 베타니는 스트레스가 많은 상황에 대비해 미리 어린 소녀를 달래는 법을 배웠다. 깊고 고요하게 숨을 쉬면서 연민을 담아 어린 소녀에게 이렇게 말했다. "오늘 밤에 우리에게 관심 주는 사람은 없지만 그렇다고 우리가 중요하지 않다는 뜻은 아냐. 다음에 우리 순서가 올 거야."

베타니는 부모님을 찾아갈 때마다 어린 소녀가 특히 어려움을 겪는 걸 알아차렸다. "요즘 들어 직장동료나 친구들과는 훨씬 더 잘 지내고 있지만, 부모님을 찾아갈 때면 제가 허물어지는 느낌이에요."

나는 베타니에게 부모가 회복되지는 않을 것이고 부모와 함께 있을 때 어떻게 반응할지는 그녀에게 달려있음을 상기시켜 주었다. 베타니는 부모님을 보러 가기 전에 어린 소녀에게 반복해서 들려줄 문장을 고안했다. "어린 소녀에게 나는 이제 성인이고 부모님과 같이 살지 않는다고 상기시켜 줘요. 부모님이 아이를 학대하도록 내버려 두지 않을 거예요. 나는 상황을 통제할 수 있고 언제든 원할 때 떠날 수 있어요."

차분하게 해주는 만트라

우리는 진정시켜주는 주문을 여러 개 만들었다. 가슴에 '어' 하는 느낌이 들 때마다 베타니가 어린 소녀를 안심시키기 위해 들려줄 문구들이다.

- 넌 사랑스럽고 중요해.
- 네가 한 일은 괜찮아.
- 이제 나는 성인이야. 난 이 상황을 다룰 수 있어.
- 우리는 괜찮을 거야.

베타니는 호흡하며 현자 상태로 들어갔다. 연민을 느끼며 애정 어리고 달래는 목소리로 어린 소녀에게 만트라를 반복했다. 어린 소녀는 차분해졌고 베타니의 몸은 이완되었다.

어린 소녀가 돌봄을 받았다고 느끼면 베타니는 기분이 좋아졌고 불안이 가라앉아 폭식하고픈 충동이 지나갔다. 불안한 어린 소녀를 차분하게 만들 수 있게 되자 베타니는 힘이 생겼다.

어린 소녀의 지혜

시간이 지나면서 베타니는 어린 소녀가 사람에 대한 통찰력이 아주 뛰어나다는 점을 깨달았다. 베타니는 동료인 해리가 주변에 있으면 불안할 때가 많았다. 처음에 베타니는 어린 소녀에게 진정시키는 만트라를 반복해서 들려주려 했다. 하지만 아이에게는 베타니가 들어주기를 바라는 중요한 메시지가 있었다. 해리는 소문을 퍼트리고 상사에게 다른 사람에 대한 험담을 하는 사람이었다. 어린 소녀는 베타니에게 해리 주변에서는 행동과 말을 조심하라고 말했다.

어린 소녀가 차분해지면서 도움이 덜 필요하게 되었다는 것을 베타니는 알게 되었다. 어린 소녀가 불쑥 나타나면 더 쉽게 그녀를 달랠 수 있게 되었다. 훈련을 통해 어린 소녀는 더 오랫동안 균형을 유지했다. 베타니는 아이 때 누렸던 즐거움과 활력을 되찾았다.

까다로운 추방자와 작업하기

추방자와의 작업이 베타니의 경우처럼 쉽지 않을 수 있다. 다른 부분들이 현자에게 책임자 자리를 허용하지 않으려 할 수 있다. 때로는 추방자와 직접 작업하면서 추방자를 안전한 장소에서 지켜줘야 할 때도 있다.

옆으로 물러서지 않으려는 비판적인 위협자

제임스는 수치심이나 불안감을 느낄 때마다 폭식을 했다. 그 문제 때문에 나를 찾아왔다. 두 번째 회기를 마칠 무렵 나는 그에게 불안하게 느끼는 부분을 그려보라고 했다. 그는 어린 소년을 마음의 눈으로 그려보았고 즉시 혐오감을 느꼈다. "지미라는 아이예요. 진짜 싫어요. 겁쟁이 녀석! 역겨워요."

남성 독자들은 어린 부분과 작업할 때 다른 부분들이 느끼는 위협을 알아차리는 경우가 있다. 그 부분들은 당신에게 "남자답지 않다"라고 말할 수 있다. 우리 문화에서 어린 소년들은 자신의 감정, 특히 취약함이나 무력감, 두려움을 잘라내도록 배운다.

제임스와 함께 위협자를 진정시키는 작업을 한 적이 없기 때문에 나는 위협자가 옆으로 물러설지 말지 알 수 없었다. 회기가 끝날 시간이 얼마 남지 않아서 나는 추방자를 안전한 장소로 옮기기로 했다.

나는 제임스에게 지미를 자신의 어린 모습이 아니라 한 어린아이로 그려보라고 요청했다. 이는 참나의 특성 중 객관성을 유지하는 역량과 관계가 있다.

에이미: 눈을 감고 살고 있는 아파트를 그려보세요. 그 아파트에 한 번도 존재한 적 없었던 문을 상상해 보세요. 그 문을 열면 아이들을 위한 재미난 방이 있어요. 부드러운 담요와 베개가 있는 침대, 곰인형과 장난감과 책 등 지미가 필요로 하는 모든 게 그 방에 있어요.

에이미: 우리가 다시 돌아올 때까지 지미가 이 방에서 보호받을까요?

제임스: 네. 지미는 이 방에서 안전해요.

이 안전한 방은 추방자가 거기에 있는 걸 알고 있고, 그를 보호해주려고 신경 쓰고 있음을 알려준다. 추방자는 더 이상 자신이 혼자가 아니며 당신이 돌아올 것임을 안다.

제임스가 지미를 객관적으로 바라볼 때, 그는 연민으로 지미를 위로하고 보호할 수 있었다. 몇 번의 회기 후에 제임스의 위협자는 진정하고 멘토 역할을 하게 되었다. 그때 우리는 지미를 치유할 수 있었다.

자라면서 제임스는 남자는 어때야 한다는 문화적 메시지를 수없이 받았다. "진짜 사나이는 울거나 상처받거나 불안해하지 않아." 제임스는 감정을 갖는 것은 나약하다는 핵심 신념을 갖고 있었다. 그는 감정을 무시하면 감정이 사라진다고 생각했다. 사실은 그 반대다. 감정을 숨기려 할 때 제임스는 수치심과 불안에 압도되었다. 그가 만일 자신의 감정을 탐색하고 해소했더라면 내면 깊이에서 오는 강인한 힘을 느꼈을 것이다.

에이미: 불안해하는 부분이 당신 옆에 앉아있다고 상상해 보세요. 누구인가요?

제임스: 지미요. 대여섯 살쯤 됐어요.

에이미: 지미에 대해 무슨 생각이나 느낌이 들어요?

제임스: 애한테 무슨 일이 일어나고 있는지 궁금해요. 애가 아주 어리고, 너무 작아 보여요.

에이미: 뭣 때문에 그렇게 불안한지 지미에게 물어보세요.

제임스: 너무 무서운데, 사람들이 자기가 무서워하는 걸 아는 건 싫대요.

에이미: 왜 알면 안 되죠?

제임스: 글쎄요, 무서워하면 아빠가 소리를 질러요. 아빠는 '한심한 루저'라고 야단치면서 남자가 울면 안 된다고 말해요.

에이미: 지미에 대해 어떤 느낌이나 생각이 드세요? 지미가 겁에 질려도 괜찮은가요?

제임스: 그럼요. 얘는 애잖아요. 애들은 때때로 겁을 먹잖아요. 애한테 소리 지를 필요는 없었는데. 괜찮아질 거라고 안심시켜주는 게 필요했어요.

에이미: 당신이 그렇게 안심시켜줄 수 있을까요? 아이가 겁에 질렸을 때 뭐라고 말해주고 싶으세요?

제임스: 조금만 버텨, 꼬마야. 괜찮아질 거야. 내가 여기 너랑 같이 있어.

나와 함께 작업하면서 제임스는 꼬마가 혼자라고 느끼지 않는다는 걸 알아차렸다. 불안하다는 신호를 느끼면 제임스는 즉시 호흡을 통해 현자 상태로 들어가 진정시켜주는 만트라를 반복했다. "조금만 버텨, 꼬마야. 괜찮아질 거야. 내가 여기 너랑 같이 있어."

때로 겁에 질리는 것이 정상이라는 것을 제임스가 받아들이자 수치심도 줄어들었다. 두려움을 감추지 않아도 되니 불안을 해소할 다른 방법을 찾기가 더 쉬워졌고 그 결과 폭식도 크게 줄어들었다.

추방자가 가진 부정적인 핵심 신념

추방자는 과거에 만들어진 부정적인 핵심 신념을 갖고 있다. 부정적인 신념은 당신이 현재 생각하고 느끼고 행동하는 데 영향을 미친다. 앞 장에서 만났던 루스는 어렸을 때 반복해서 신체적으로, 정서적으로 학대 받았다. 그녀는 과잉 경계하며 늘 다가올 위험을 살폈다. 그 결과 루스의 추방자는 미리 움츠러들고, 위험을 피하기 위해 늘 잠재된 위험에 대해 걱정했다.

어린 추방자가 거부당할까 봐 루스는 스스로 고립을 선택함으로써 자신을 보호한다. 그 모습을 살펴보자.

> **루스:** 외로운 주말이었어요. 집에 남아서 정말 많이 먹었어요.
>
> **에이미:** 친구를 만날 생각은 해봤어요?
>
> **루스:** 글쎄요, 다른 사람에게 짐이 되고 싶지 않아요.
>
> **에이미:** 친구에게 커피 한잔하자고 전화하는 게 친구에게 짐이 될까요?
>
> **루스:** 네.
>
> **에이미:** 그래요? 그렇다는 걸 어떻게 알죠?
>
> **루스:** 그냥 알아요. 전 그냥 느껴져요.

추방자들은 핵심 신념이 정확하다는 근거로 자신의 느낌을 갖다 댄다. "내가 그렇게 느꼈으면 사실이 분명해요." 하지만 당신의 추방자가 믿는 것은 사실이 아니다. 이들 신념은 낡은 메시지에 근거하고, 그런 신념에 근거한 느낌도 거짓이다.

> **에이미:** 좋은 느낌은 아니겠지만, 다른 사람에게 짐이 되는 느낌

을 느껴보세요. (나는 한동안 침묵하며 루스가 그 감정을 느끼도록 기다린다.) 친구가 부담을 느낀다면 그게 어떤 의미인지 그 부분에게 물어보세요.

루스: 못 견딜 거예요. 너무 끔찍할 거라고요!

에이미: 그 부분은 어떻게 생각해요?

루스: 난 뭔가가 잘못됐다고요! 난 좋아할 만한 사람이 아니에요!

에이미: 집에 혼자 있는 걸로 그 부분이 얻으려는 건 뭘까요?

루스: 내가 짐인 것 같은 느낌, 내가 너무 욕구가 많다는 느낌을 안 느껴도 되죠.

에이미: 그게 그 부분이 얻으려는 건가요?

루스: 안전하게 느끼고 싶은 거겠죠.

에이미: 그러니까 당신이 친구에게 짐이 될 거라고 믿는 부분이 실은 그냥 안전하게 느끼고 싶은 거네요. 그 부분은 상처받지 않으려고 자신을 보호하고 있네요.

짐이 될까 하는 루스의 두려움을 촉발한 단어를 알아차렸는가? 너무 끔찍해서 전염병이라도 되는 듯 피하고 싶어 하는 단어다. 바로 '요구하는Needy'이다. 인간이라면 욕구를 갖는 게 당연한데, 뭔가를 원하는 게 뭐가 잘못인가?

과거에 당신이 뭔가를 원했을 때 너무 과하다는 말을 들었을 것이다. "무언가를 원하는" 것은 당신이 너무 과하고, 너무 심하고, 너무 공허하고, 너무 결핍되었고, 너무 '너무'하다는 의미이다.

루스: 내가 늘 너무 과하고 충분하지 않다는 것을 마음 깊이 알고
있었어요.

에이미: 누구에게 과하다는 거죠?

루스: 아마 어머니에게요.

에이미: 어렸을 때 그 감정을 어떻게 했나요?

루스: 아무것도 원하지 않으려고 애썼어요. 너무 과하지 않으려
고요. 존재하지 않으려고 했어요.

에이미: 그렇게 말하니까 기분이 어때요?

루스: (아주 작은 목소리로) 너무 슬퍼요.

루스의 추방자는 과거에 고착되어 자신이 여전히 비판적인 어머
니와 함께 사는 어린아이인 것처럼 여기고 있다. 베타니의 예처럼,
우리는 계속해서 추방자와 루스의 현자를 정서적으로 연결하는 작
업을 했다. 루스는 어린 소녀에게 그녀를 유쾌하고 호감 가는 특별
한 아이로 보고 있다고 말해주었다. 현자는 추방자를 짐으로 보지
않았고 뭔가 잘못된 것이 있다고도 보지 않았다. 현자는 그녀의 어
머니와 똑같지 않았다. 추방자는 루스의 현자가 보여주는 따스함과
애정에 안도했다.

일단 추방자가 자신이 다른 사람들에게 짐이 된다거나 다른 사람
들을 피곤하게 할 정도로 원하는 게 많은 사람이라고 느끼지 않게
되자 루스는 서서히 의미 있고 만족스러운 우정을 쌓기 시작했다.
외롭거나 고립되려고 하면 루스는 자신의 추방자가 가치와 사랑스
러움을 확인받고 싶어 한다고 인식했다.

결핍감 탐색하기

이렇게 '결핍감(Neediness)'를 완전히 무시하는 일이 흔하게 일어나므로 이 부분을 조금 더 탐색해 보자. 이렇게 상상해 보자. 당신은 (4장에 나온 장미 덩굴을 심느라) 더운 여름날 바깥에서 일하다 보니 목이 꽤 말랐다. 누군가에게 마실 걸 좀 부탁했는데 겨우 레모네이드 한 티스푼을 가져왔다. 그걸 마셔도 목은 여전히 마르다. 당신은 원하는 게 많은 사람인가? 아니, 당신은 그저 목이 마를 뿐이다. 당신의 욕구가 다른 사람이 주는 것보다 클 뿐이다. (솔직히 말해 나는 레모네이드를 한 숟가락 주는 사람이 궁금하다.)

여전히 목이 마른데, 당신이라면 어떻게 하겠나? 수도꼭지에서 물을 마시거나 가게에 가서 음료를 살 것이다. 갈증과 같은 생리적 욕구는 수치스러워할 이유가 없다. 다른 곳에서 찾으면 된다.

하지만 안도나 인내심, 관심과 애정, 확신이나 사랑과 같은 정서적 욕구에 대해서는 다르게 반응한다. 당신의 정서적 욕구를 채워줄 정서적 자원이 없는 사람에게 요구할 때 추방자는 수치심에 사로잡힌다. "난 더 강해져야 해. 위로를 바라면 안 돼. 욕구를 가지면 안 돼. 난 너무 징징대."

상대방이 당신의 욕구를 채워줄 자원이 없는 이유는 많겠지만, 그 이유가 당신 자신이나 당신의 가치와는 아무런 상관이 없다. 하지만 아이 때 정서적 욕구가 반복적으로 채워지지 않으면 당신은 상처 입거나 실망하지 않기 위해 자신을 비난했을 것이다. "난 너무 과해. 원하는 게 너무 많아."

자기 감정을 다루지 못할까 두려워하는 추방자

루스의 예에서 배울 수 있는 또 다른 교훈이 있다. 이 추방자는 루스가 무너지거나 미치거나 불편한 감정을 견디지 못할까 봐 두려워했다. "뭔가 잘못되면 난 견디지 못할 거야. 영원히 끔찍한 기분일 거야." 루스의 추방자는 루스를 불안하게 할 상황은 무엇이건 피했다. 이 추방자는 예전 상황에 머무르며 되풀이해 생각하고는 두려움을 재확인했다.

루스는 현자 상태로 호흡해 들어가 자신은 불편한 상황을 많이 겪고 살아남은 성인이고, 둘이 함께 그런 상황을 견딜 수 있을 것이라고 추방자를 안심시켰다.

비판에 대한 추방자의 반응

"내가 그냥 상상하는 게 아니라 정말로 누군가 나를 심하게 비판하고 나를 좋아하지 않으면 어떡하지? 그런 일이 일어나잖아, 그치?" 이렇게 의심할 수 있다.

그렇다. 우리는 모든 사람을 만족시킬 수 없다. 어머니가 볼 때마다 헤어스타일, 파트너, 일자리, 옷에 대해 비판한다면 당신의 추방자가 가진 핵심 신념이 건드려진다. "난 뭐가 잘못된 거지? 난 너무 모자라. 내가 얼마나 무가치한지 모두가 아는 게 틀림없어." 이처럼 낡은 패턴 속으로 빠져들어 기분 상하고 절망하고 무가치하다고 느끼지 않고 다르게 반응할 수 있다.

부정적인 사람과 함께 있을 때 참나 에너지 안으로 호흡해 들어가는 것을 떠올린다. 내면 깊이 당신의 현자는 당신의 아이가 사랑스럽고 호감이 가고 유쾌하다는 걸 안다.

현자는 추방자의 핵심 신념이 타당한지 부드럽게 이의를 제기한다. 핵심 신념이 현재 상황이나 내면의 가치를 반영하는가? 만일 추방자가 "살찌면 사랑스럽지 않아"라고 믿는다면 호흡을 통해 현자에너지 상태로 들어간다. 추방자에게 차분하고 설득력 있는 목소리로 "중요한 건 내면의 아름다움이라고 믿어. 너는 안팎이 다 아름다워."라고 말할 수 있다.

당신이 수용하고 인정해주는 참나의 애정 어린 눈으로 추방자를 볼 때마다 당신은 서서히 추방자의 핵심 신념을 바꾼다. 현자의 눈을 들여다보며 아이는 사랑받고 소중히 여겨진다고 느낀다. 자신이 사랑과 애정을 받을 자격이 있다고 믿기 시작한다. 서서히 아이는 다른 사람들의 부정적인 말에 영향을 덜 받게 된다.

성적 학대를 받은 추방자 비난하기

셸리는 매일 밤 잠자기 전에 폭식하고 토하는 문제로 치료를 받으러 왔다. 어렸을 때 그녀는 큰오빠에게 성적 학대를 받았다. 셸리는 수치심과 죄책감과 분노를 품고 있었고 그 일이 자기 때문에 일어났다고 자책했다. "내가 뭔가를 했으니까 오빠가 내게 그런 게 틀림없어." 셸리는 추방자를 그려볼 때마다 몹시 싫었다.

어느 세션에서 셸리는 분노와 미움과 비난을 뚫고 나온 '아하!' 순간을 맞았다. 오빠에 대해 이야기하던 중 내가 "이때 오빠는 몇 살이었어요?" 하고 물었다.

셸리: (잠시 생각한 뒤에) 오빠는 고등학생이었어요.

에이미: 그럼 몇 살이죠? 14살에서 18살?

셸리: (잠시 혼란스러워하다가) 맙소사! 오빠 나보다 11살이나 많아요. 오빠가 고등학생이면 난 3살에서 7살 사이인데! 맙소사! 난 아기였는데!

셸리는 울기 시작했다. 한참 뒤 내가 물었다

에이미: 이 사실을 알고 난 지금 어떤 기분이세요?

셸리: 내가 그랬을 리가 없잖아요. 내 잘못이 아니에요. 난 아주 어린애였는데. 오빤 어떻게 내게 그런 짓을 할 수 있었죠? (화난 목소리로 바뀐다.) 도대체 자기가 뭐라고 생각한 거야? 감히 어떻게 그런 짓을 그 어린애한테!

추방자를 객관적으로 봄으로써 셸리는 이 어린 소녀에게 사랑과 연민을 느낄 수 있었고, 이는 비난과 죄책감과 수치심을 뚫고 나왔다.

셸리는 어린 소녀가 밤에 안전하지 않다고 느끼기 때문에 폭식을 한다는 것을 깨달았다. 현자 안으로 호흡해 들어가 어린 소녀를 침대에 눕히고 "네가 자는 동안 내가 여기 앉아 있을 거야. 누구도 널 해치지 못하게 지켜줄게"라고 말했다. 셸리는 어린 소녀가 안전하다고 느끼도록 해줄 수 있었다.

셸리는 현자가 침대에서 아이를 돌보며 방문을 지켜본다고 상상했다. 10대인 오빠가 방문을 열면 화난 부분이 단호하고 권위 있게 큰 목소리로 "여기서 나가! 애는 혼자 놔둬! 너 도대체 왜 그래?"라고 소리쳤다.

셀리의 화난 부분은 분노를 물리적으로 표현했다. 상상 속에서 화난 부분은 손가락으로 오빠 가슴을 찌르며 단호하게 말했다. "너 어린애한테 그런 짓 하는 거 아니야! 걔 어린애잖아! 다시는 그런 짓 하도록 내가 놔두지 않을 거야." 오빠는 겁에 질려 방에서 도망쳤다. (셀리는 그날 내내 손가락 끝이 아팠다고 말했다.)

셀리는 잠자리에 드는 의식을 만들었다. 그녀는 자신이 현자가 되어 침대에 앉아 어린 소녀를 보호한다고 상상했다. 동시에 자신이 어린 소녀가 되어 현자의 보호를 받고 있다고 상상했다. 잠에 빠져들기 전에 그녀는 자신에게 말했다. "나는 보호받고 있어. 나는 안전해. 나는 오늘 밤 잘 잘 거야." 어린 소녀가 안전하고 보호받는다고 느꼈기 때문에 셀리는 더이상 잠자기 전에 폭식하고 토하지 않아도 되었다.

극도로 절박한 추방자

성적으로 학대받은 이력 때문에 에린은 가장 취약한 감정을 가진 추방자를 대면하는 것조차 고통스러웠다. 자신이 '소녀'라 부르는 추방자의 말을 들으려 할 때마다 에린은 극도로 불안해졌다. '위협자'가 뛰어들어 소녀를 공격했다. 그러면 에린은 뒤로 물러나 위협자를 진정시키는 작업을 해야 했다. 에린은 수없이 오르락내리락하는 그 과정이 너무도 길고 힘겨워서 자주 낙담하곤 했다. 어느 날 에린은 전구에 불이 반짝 들어오는 순간을 맞았고, 소녀를 다르게 보게 되었다.

소녀에게 접근하는 게 왜 그렇게 어려운지, 어느 순간 아주 선명한 이미지를 갖게 되었다. 아이는 절박하게 내게 뛰어올라 꽉 매달렸고 나는 질식할 것 같았다. 나는 숨을 쉬기 위해 반사적으로 아이를 떼어냈다! 정말 중요한 깨달음이었다! 소녀는 겨우 5살짜리 아이였고 괴물이 아니었다. 나는 "'진짜' 5살짜리 아이가 그렇게 절박하게 매달리면 어떻게 할까?"라고 생각했다. 그러자 내가 모든 아이에게 자연스럽게 느끼는 연민을 느꼈고 소녀의 두려움에 강하게 반응하지 않았다.

소녀의 감정을 견디기까지 오랜 시간이 걸렸다. 위험은 과거에서 오는 것이지 현재에 있지 않다는 걸 깨달았다. 일단 그걸 이해하자 소녀를 돌볼 수 있었다.

추방자가 회복하는 데는 긴 시간이 필요하다

추방자와 함께 작업하기가 무서울 수 있다. 당신의 회복을 지지해줄 안전한 장소와 사람을 찾으면 이 과정이 편해진다. 치료사의 상담실에서 추방자의 감정을 탐색하면 더 안전하고 안정적으로 느낄 수 있다.

성적 학대를 겪었다면 2보 전진 1보 후퇴를 예상할 필요가 있다. 당신은 '아하!' 순간 같은 큰 배움을 얻기 직전일 수 있다. 안달이 나거나 낙담하거나 아니면 치료가 영원히 계속될 것 같아 포기하고 싶을 때, "내 속도는 가장 느린 부분에 맞춰질 수밖에 없어. 내 부분들이 필요로 하는 만큼 오래 걸릴 거야"라고 자신에게 깨우쳐 주기 바란다.

당신의 추방자는 책 한 권을 읽는다고 해서 치유되지 않는다. 의식적이고 끈질긴 노력과 많은 실습이 필요하다. 추방자가 안전하고 보호받는다고 느끼면 서서히 당신이 자기 편이라고 신뢰할 것이고,

다른 부분들이 벌컥 화를 낼 때 당신은 추방자를 보호하게 될 것이다. 그렇지만, 추방자가 보호받는다고 느끼면 다른 부분들도 진정할 것이다.

당신의 아이가 짐을 벗고 안전하다고 느끼면 당신은 어릴 때 이후로 느껴보지 못했던 내면의 환희와 자유와 연결될 것이다. 미셸이 이를 잘 묘사했다. "어제 대형마트에 있었는데 갑자기 재주넘기가 하고 싶은 거예요. 그래서 셔츠를 바지에 쑤셔 넣고 통로에서 재주를 넘었어요! 작은 일이지만 내면의 즐거운 뭔가와 연결된 느낌이었어요. 기분이 정말 좋았어요!"

다음 장에서는 위협자들과 균형을 이루는 방법을 찾게 될 것이다.

회복을 돕는 질문들

아래 질문들을 혼자 조용히 숙고할 수 있는 시간을 갖는다. 스스로에 대해 배운 것을 기록할 수도 있다. 당신의 답을 치료사와 공유할 것을 권한다.

1. 이 장을 읽는 동안 당신에게 불쑥 나타난 부분들을 알아차렸는가? 어떻게 당신은 그 부분들에게 옆으로 물러나 당신이 참나 에너지 상태로 돌아가도록 요청할 수 있었나?

2. 당신의 추방자(들)를 당신은 어떻게 경험하는가?

3. 추방자를 완전히 없애버린다면 당신의 삶에서 무엇이 완전히 엉망이 될까?

4. 현자가 어떤 말이나 행동을 하면 추방자가 진정하고 보살

핌을 받는 데 도움이 될까? 당신의 현자는 추방자를 보살
피기 위해 무엇을 하고 싶어 하나?

5. 당신은 추방자가 가진 핵심 신념을 확인할 수 있는가?

6. 당신의 추방자를 불안하게 만드는 것은 무엇인가? 당신의
   추방자가 진정하기 위해 듣고 싶어 하는 만트라는 무엇인
   가?

7. 당신의 아이를 당신은 어떻게 경험하는가? 최근에 아이가
   특별히 장난스럽거나 즐거워하고 웃겼던 때가 있었는가?

7
말썽꾼들 균형 잡기

먹는 걸 통제할 수 없어요! 새 사무실로 이사를 하는데, 이사에 관심 있는 사람은 저밖에 없어요. 아침에 출근하자마자 모두 제게 질문을 퍼부어요. 너무 부담스럽고 불안해서 넋이 나갈 지경이에요. 더 이상 견디기 어려우면 모든 걸 차단하고 인터넷 서핑을 하면서 먹고 또 먹어요. 먹는 동안은 아무것도 느끼지 않아요! 그리고 나면 죄책감이 들고 뚱뚱하고 추한 느낌이에요. 이 상황을 다루는 방법이 분명 있을 거예요. 하지만 어떻게 하는지 모르겠어요! ─제이미

익숙하게 들리나? 당연히 그럴 거다. 먹거나 운동할 때, 마치 파도에 휩쓸린 것처럼 멍해지면서 아무것도 느끼지 못할 때가 있을 것이다. 당신을 마비시키는 말썽꾼으로, 지지자가 극단적일 때 하는 역할이다.

"먹을 거, 먹는 거, 몸무게 생각을 멈출 수가 없어. 먹은 건 1그램도 빠짐없이 다 계산해야 해. 그러느라 시간을 다 낭비해!"라고 할지도 모

른다. 산만하게 하는 말썽꾼으로, 또 다른 극단적인 지지자이다.

화가 나서 반항하듯 먹거나 굶은 적이 있다면, 반항하는 말썽꾼이 누구인지 잘 알 것이다. 이 또한 지지자가 극단적으로 하는 역할이다.

지지자의 특성

지지자는 누구인가? 지지자는 당신의 부분들 중 가장 자신을 긍정한다. 지지자는 활기와 긍정적인 에너지로 당신을 믿어주고 격려하며 당신 편이 되어주는 친구 같은 에너지를 갖고 있다. 이 부분은 당신이 자기주장을 하고 자기 목소리를 내고 자신을 방어하도록 도와준다.

지지자는 당신이 스스로를 돌보고 시간을 내어 휴식하고 떨쳐버릴 것은 떨쳐버리도록 격려한다. 지지자는 정의감이 강하고, 사람들이 어떻게 행동하고 서로를 대해야 하는지 생각이 확고하다. 지지자는 거침없이 말하고 할 말은 한다.

지지자는 다른 부분들에게 반응한다

지지자를 경험할 때는 대부분 지지자가 당신의 다른 부분이나 다른 사람의 부분 또는 어려운 상황에 반응할 때이다. 지지자가 혼자서 문제를 일으키는 일은 거의 없다. 균형이 잡혀 있고 긍정적인 역할을 할 때는 지지자를 감지하기 어렵다. 사실 너무 미묘해서 거의 알아차리지 못한다. 모든 부분이 균형 잡혀 있을 때 지지자는 뒤로 물러나 자신의 도움이 필요한지 지켜보며 기다린다.

현자가 책임자 자리에 있고 아이와 멘토가 차분하고 균형 잡혀 있을 때, 지지자는 아무 걱정이 없다. 하지만 만일 선생님이 없는 중학교 밴드부처럼 참나를 잃어버린 채 위협자와 추방자의 태도와 생각과 행동이 극단적이면, 말썽꾼이 이에 반응하여 극단적으로 행동한다.

앞서 세 장에서 연습을 했다면, 이미 미세한 변화를 알아차렸을 터이다. 어쩌면 머릿속이 예전처럼 '시끄럽지' 않고 몸에서 고요함을 느꼈을 수도 있다. 아마 참나와 연결되어 내가 누구인지 알고 자신에 대한 확신을 느끼는 순간도 있었을 것이다. 생산적인 사람이 되거나 장난치며 즐거운 순간이 있었을지도 모르겠다. 그렇다면 당신의 지지자도 이미 덜 극단적이 되어 좀 더 균형을 찾아가기 시작한 것이다.

지지자−말썽꾼 연속선

멘토−위협자와 아이−추방자처럼 지지자도 말썽꾼과 연속선상에 있다. 극단적일 때 말썽꾼은 반항하고 산만하게 하며 마비시키는 3가지 역할을 한다. (그림 7.1)

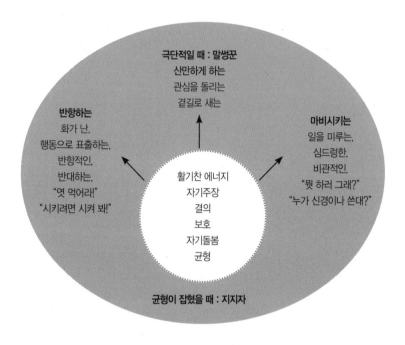

극단적일 때 : 말썽꾼
산만하게 하는
관심을 돌리는
곁길로 새는

반항하는
화가 난,
행동으로 표출하는,
반항적인,
반대하는,
"엿 먹어라!"
"시키려면 시켜 봐!"

마비시키는
일을 미루는,
심드렁한,
비관적인,
"뭣 하러 그래?"
"누가 신경이나 쓴대?"

활기찬 에너지
자기주장
결의
보호
자기돌봄
균형

균형이 잡혔을 때 : 지지자

그림 7.1 지지자에서 말썽꾼까지 연속선

마비시키는 말썽꾼

마비시키는 말썽꾼은 당신이 다룰 수 없다고 생각하는 감정들을 없애려 한다. 당신의 추방자가 불편한 감정을 느낄 때 마비시키는 말썽꾼이 끼어들어, "너 이거 안 느껴도 돼! 내가 가져갈 수 있어!"라고 말한다. 마비시키는 말썽꾼은 먹고 굶고 운동하고 술 마시고 담배 피우고 TV 보고 잠을 많이 자도록 한다. 아무것도 느끼지 않도록 뭐든지 한다.

마비시키는 말썽꾼은 당신의 감정을 과대평가하는 동시에 당신이 그 감정을 다룰 수 있는 능력을 과소평가한다. 이 말썽꾼은 당신을 많은 일을 겪고 살아남은 성인이 아니라 연약한 어린아이로 취급한다. 과거의 '찝찝한' 감정이 올라오면 마비시키는 말썽꾼은 "아, 안돼! 빨리! 저거 없애버려!"라며 뛰어든다.

그에 대해 마리안의 설명을 들어보자. "속이 막 끔찍하게 뒤틀려요. 바람이 휘몰아치는 것처럼요. 불안하고 통제할 수 없는 느낌이에요. 나는 진정이 안 되면 폭식을 하고 토해요. 그러면 고요해져요. 구토가 모든 걸 완전히 가져가 버려요. 하지만 다음 날이면 다시 또 시작되죠."

산만하게 하는 말썽꾼

산만하게 하는 말썽꾼은 압도적이고 위험한 것에서 통제할 수 있고 무난한 것으로 당신의 주의를 돌린다. 로빈이 이를 아주 간결하게 표현했다. "내 섭식장애는 영화 화면 앞에서 춤추는 원숭이 무리 같아요. 나에게 보여주고 싶지 않은 장면이 화면에 나오고 있는 거죠."

산만하게 하는 말썽꾼에게는 몇 가지 요령이 있다. 힘든 관계를 다루는 대신 칼로리와 지방이 몇 그램인지를 계산한다. 중요한 논문 마감을 앞두고 사진 앨범을 정리하고 싶다. 책을 쓰는 대신 컴퓨터 게임을 한다. 아, 이 원숭이들은 얼마나 영리한지!

또 산만하게 하는 말썽꾼은 음식과 섭식, 몸무게가 문제라고 당신을 설득한다. 칼로리와 지방을 계산하는 동안은 더 깊고 어쩌면 더 고통스러운 문제를 다루지 않아도 된다. 산만하게 하는 말썽꾼은 음식이나 섭식 또는 몸무게에 대해 이야기하는 데 많은 시간과 에너지를 쓰도록 치료사까지 설득한다. "휴! 4살 때 무슨 일이 있었는지 말하지 않고 또 한 회기를 넘겼어!"

반항하는 말썽꾼

참나가 희생당하면 당신은 목소리와 선택권과 힘을 잃는다. '반항하는 말썽꾼'은 그것들을 되찾도록 돕기 위해 정말 열심히 한다. 반항하는 말썽꾼은 누군가가 또는 무언가가 당신을 통제하려 하면, 특히 그들이 위협자로 행동하면, 말썽을 피운다. 만일 위협자가 먹는 것에 엄격한 규칙을 세우면 반항하는 말썽꾼은 반항하려고 배가 고프지 않아도 '나쁜' 음식을 먹어댄다.

지지자가 사라진다면

앞의 두 장에서 배웠듯 부분들을 없앨 수 없다. 말썽꾼이 사라지면 어떤 일이 벌어질지 상상해보자.

'마비시키는 말썽꾼'이 없다면 추방자의 감정은 몹시 고통스럽고 강력할 것이다. 당신이 그런 감정을 스스로 조절하며 건강하게 달래는 방법을 배울 때까지는.

만일 '산만하게 하는 말썽꾼'이 없다면 당신은 언제나 중대한 문제에 집중할 수 있을 것이다. "이직하는 게 나을까?" "결혼생활을 끝낼까?" "부모님이 날 대하는 방식이 정말 마음에 안 들어." 하지만 그런 문제를 다룰 기술이나 도구가 없다면 당신의 추방자는 압도되고 불안해할 것이다.

'반항하는 말썽꾼'을 없애면 어떻게 될까? 처음에는 "반항하는 부분이 없으면 나 자신이랑 이렇게까지 싸우진 않을 거야"라고 생각할지 모른다. 하지만 균형을 유지하려고 돕는 반항하는 말썽꾼이 없다면 위협자가 즉시 자리를 차지해 추방자를 위협한다는 걸 알게 될 것이다. 반항하는 말썽꾼이 없으면 당신은 다른 사람들이 마구 밟고 지나가는 발 닦기가 될 것이다.

'마비시키는 말썽꾼이' 없다면 추방자는 이 모든 감정을 견디지 못할 것이다. 위협자가 힘을 받아 밀고 들어와서는 장악해버린다. 위협자를 물러서게 할 반항하는 말썽꾼이 없으므로 당신은 금방 나락으로 떨어지는 낡은 패턴에 갇힌다.

부분들 사이의 균형 바꾸기

시간이 지나면서 말썽꾼은 불쾌한 상황에서 재빠르게 뛰어드는 법을 배웠다. 마비시키고 산만하게 하고 반항하는 전략이 쉬운 대처법이 되었다.

말썽꾼이 부분들 사이에서 긍정적인 역할을 하도록 도우려면, 내면 깊이 참나의 지혜와 안내를 구해야 한다. 위협자나 추방자와 마찬가지로 말썽꾼은 중학교 밴드부의 선생님 없이는 바뀔 수 없다.

현자가 책임자 자리에 있고 멘토와 아이가 균형 상태이면 말썽꾼도 차분해진다. 지지자가 그렇게 빨리, 그렇게 자주, 그렇게 극단적으로 뛰어들 필요가 없다. 현자는 당신이 약간의 불편함을 견딜 수 있다는 걸 알고, 당신이 자신을 진정시키고 위로하는 다른 방법을 배우도록 도울 수 있다. 건강하게 자신을 지키고 자신이 원하는 것을 다른 사람에게 주장하는 방법을 가르쳐줄 수 있다.

말썽꾼의 균형 찾기

베타니의 이야기로 다시 돌아가보자. 하려던 일을 미루고 옆길로 새게 하던 '산만하게 하는 말썽꾼'과 작업한 회기를 살펴보자.

베타니: 뭐가 잘못된 건지 모르겠어요. 직장에서 많은 프로젝트를 곡예하듯 하고 있는데, 도대체 진도가 나가지 않아요. 일해야 하는데 비디오 게임을 하거나 인터넷 서핑을 하고 친구에게 문자를 보내요. 중요한 발표 준비를 앞두고 있으면서 이렇게 오래 앉아 있다가 내 엉덩이가 얼마가 커질까 하는 생각만 하고 있어요. 오늘 먹은 칼로리가 얼마이고, 앉아 있느라 칼로리 소모가 적어서 걱정이라는 생각을 멈출 수가 없어요. 그러다가 자리에서 일어나서 걸어 다녀요. 때로는 책상 옆에서 제자리 뛰기도 해요. 멈출 수가 없어요.

다른 부분들 분리하기

처음에 나는 베타니가 참나 에너지로 들어가도록 돕고 다른 부분들에게 물러서 달라고 요청했다. 이미 베타니의 부분들과 작업을 하면서 작업 속도를 높일 몇 가지 지름길을 개발한 상태라 부분들은 쉽게 차분해졌다.

에이미: 정말 기진맥진한 것 같네요. 내면으로 들어가 어느 부분이 말하고 싶어 하는지 볼래요? 부분들은 당신이 이 상황에 대해 뭘 알았으면 하나요?

베타니: 네, 저 정말 정신 차려야 해요. 이런 식으로 계속 먹을 순 없어요.

에이미: 눈을 감고 내면으로 들어가 보세요. 뭘 느끼는지 얘기해 주세요.

베타니: 아주 불안해요. 가슴이 꽉 조여와요. 숨을 쉬기가 힘들어요.

추방자 진정시키기

베타니의 불안은 추방자에게서 오고 있었다. 우리는 이 추방자를 진정시켜 베타니가 참나의 특성에 접근하도록 해야 했다. 그래야 '산만하게 하는 말썽꾼'과 작업할 수 있다.

에이미: 불안한 부분에게 뭐가 필요한지 물어보세요.

베타니: (눈을 감고 부드럽게 미소 짓는다.) 어린 소녀예요. 아이에게 내가 이 문제를 다룰 테니 아이는 신경 쓰지 않아도 된다고 말하고 있어요. 안도하는 것 같아요. 아이는 소파에서 저와 함께 쉬고 있어요. 아이에게 부드러운 담요를 줬어요.

산만하게 하는 말썽꾼 찾기

일단 베타니가 어린 소녀를 달래자 우리는 말썽꾼에게로 돌아올 수 있었다.

에이미: 좋아요. 이제 비디오 게임을 하고 칼로리를 계산하거나 운동하려는 부분을 찾아보세요. 그 부분이 몸 어디에서 느껴지

나요?

베타니: (여전히 눈을 감은 채 집중한다.) 여기저기요. 머리, 배, 다리.

에이미: 괜찮아요. 판단하지 마세요. 숨을 들이마시고, 산만하게 하는 부분한테서 한 걸음 물러선다고 상상해보세요. 마치 그 부분이 당신 바로 앞에 서 있는 것처럼.

베타니가 고개를 끄덕인다.

에이미: 산만하게 하는 자에 대해 어떻게 느끼세요?

베타니: (크고 거친 목소리로) 견딜 수가 없어요. 얜 정말 루저예요! 너무 게을러. 얘가 늘 끼어드는 통에 무슨 일을 하든 더 힘들어져요.

위협자에게 옆으로 물러서 달라고 요청하기

베타니는 참나의 특성 중 어느 것도 보이지 않았다. 나는 '비판적인 위협자'가 건드려졌음을 알 수 있었다. 이 부분에게 옆으로 물러서 달라고 요청해서 베타니가 현자 상태에 있도록 해야 한다.

에이미: 지금 위협자가 활동하는 게 분명해 보이네요. 현자가 산만하게 하는 자와 작업할 수 있도록 그 부분에게 물러서 달라고 요청하세요.

베타니: 떠나고 싶어 하지 않아요. 발언권을 갖고 싶어 해요.

'비판적인 위협자'와 '산만하게 하는 말썽꾼'이 서로에게 강하게 반응하고 있다. 위협자가 산만하게 하는 말썽꾼을 계속 비판하게 놔두면 부정적인 패턴은 바뀌지 않을 것이다. 나는 이들을 분리는 하되

둘이 서로가 하는 말은 들을 수 있도록 했다. 그래야 각자가 가진 긍정적인 의도를 발견할 수 있다. (모든 부분은 자기 이야기를 들어주기를 그리고 자신이 당신을 위해 하려는 일을 이해받고 싶어 한다는 점을 기억하라.)

> 에이미: 문이 많이 있는 복도에 서 있다고 상상해 보세요. 각 부분에게 방에 따로따로 들어가라고 요청하세요. 그리고 각 방을 왔다 갔다 하면서 대화할 거라고 말해 주세요.

산만하게 하는 말썽꾼에게 귀 기울이기

위협자를 분리하되 무시하지 않으면 '산만하게 하는 말썽꾼'에게 집중할 수 있다.

> 에이미: 위협자가 '산만하게 하는 자'에게 하려는 말을 들었어요. 복도에서 산만하게 하는 자의 방을 들여다보고 그녀에게 자기 얘기를 들려달라고 요청하세요.
>
> 베타니: (산만하게 하는 자로서 대답한다) 위협자는 너무 높은 목표를 세우고선 냉혹하고 무자비하게 몰아치는 작업감독자예요. 베타니가 그 많은 일을 다 끝낼 수가 없어요. 그럼 위협자는 그녀가 게으르다, 모자란다고 말하죠. 베타니가 모든 일을 끝내도 위협자는 뭐든 트집 잡아서 다 망쳐버려요. 어떻게 해도 충분하지 않아요. "파워포인트 발표를 더 창의적으로 했어야지. 클립아트는 좀 더 세련된 걸 쓰고. 폰트는 더 진해야 돼." 베타니는 늘 압도되고 진이 다 빠진 느낌이에요. 우울하고 절망적이라

느끼죠.

에이미: (산만하게 하는 말썽꾼에게) 어느 부분이 우울해지나요?

베타니: (산만하게 하는 자로서) 어린 소녀죠. 자신이 무가치하다고 느껴요. 모자란 사람이 된 기분이죠.

에이미: (산만하게 하는 말썽꾼에게) 그래서 당신이 베타니를 위해서 하려는 게 뭐죠? 그 어린 소녀를 위해서요.

베타니: (잠시 조용히 있다가) 아이에게 쉴 시간을 좀 주고 싶어요. 누구나 때때로 좀 쉬어야 하는데 위협자는 베타니가 즐겁게 지내게 내버려 두질 않아요.

에이미: 베타니에게 쉴 시간을 주면 베타니는 뭘 할까요?

베타니: 어린 소녀가 다 잊고 편한 마음으로 지낼 수 있겠죠. 적어도 내가 주변에 있으면 아이가 좀 놀 수 있어요.

에이미: 그러니까 당신은 어린 소녀를 돌보고 베타니에게 균형을 찾아주려는 거군요.

반항하는 말썽꾼이 활발해지다

거기 말썽꾼이 하나 이상 있을 수 있음을 자각한다. 베타니의 경우 반항아가 끼어들었다.

베타니: (목소리가 바뀐다) 그래. 위협자가 베타니를 쉬지 않고 일하게 한다면 나는 아무것도 하지 않도록 하지! 하! 네 코앞에서 말야! 보라고!

위협자는 도저히 만족시킬 수가 없다. 그의 엄격한 규칙에 반항하는 활기찬 말썽꾼이 촉발되었다. 우리는 이 부분도 분리해야 한다.

> 에이미: 여기 또 다른 부분이 있어요. 바뀌는 거 느꼈어요?
>
> 베타니가 고개를 끄덕인다.
>
> 베타니: 반항하는 부분에게 자기 방으로 가라고 요청해보세요. 그 부분이 말을 듣나요?
>
> 베타니가 다시 고개를 끄덕인다.

말썽꾼의 의도 이해하기

앞서 말했듯 당신이 부정적인 행동을 할 때 지지자들은 부분들 중에서 자긍심이 가장 강하다. 베타니의 말썽꾼들은 베타니를 위해 자신들이 하려는 일이 무엇인지에 대해 그녀가 들었다는 사실을 알아야 한다.

> 에이미: 좋아요. 산만하게 하는 자가 당신과 어린 소녀를 위해 뭘 하려 했는지 들었어요? 그녀는 어린 소녀가 무가치감을 느끼지 않도록 보호하려던 거였어요. 당신에게 잠시라도 쉴 시간을 주고 어린 소녀가 즐겁게 놀게 해주려 했어요. 그 사실을 알고 나니 기분이 어떤가요?
>
> 베타니: 누군가 나를 보살피려 했다는 게 감사해요. 그러지 않았다면 완전히 소진됐을 거예요.
>
> 에이미: 내면의 현자와 접촉했으면 좋겠어요.

베타니가 숨을 깊이 들이마시고 천천히 내쉰다. 얼굴이 부드러워지고 이완되고 편안해 보인다.

에이미: 산만하게 하는 부분을 현자의 눈으로 바라보세요. 그녀가 당신을 위해 하려던 걸 이해한다고 산만하게 하는 부분에게 말할 수 있겠어요?

베타니: (현자로서) 저는 아무 말도 할 필요가 없어요. 가슴 가득 감사함이 느껴지거든요. 내가 고마워하는 걸 그녀가 알고 있네요. 재밌는 게, 전 이제 반항자가 하려던 것도 이해할 수 있어요. 상황이 정말 안 좋을 때 그녀는 절 위해 거기 있어 줬어요. 제 편을 들어줬어요.

에이미: 그렇게 인정해주니 반항자가 어떻게 반응하나요?

베타니: 이해받았다고 느껴요. 제가 자기 말을 들어준다고 느껴요.

위협자와 협상하기

베타니와 나는 이제 위협자에게 다시 주의를 돌려야 한다. 위협자가 차분해져 현실적인 요구를 하면, 산만하게 하는 말썽꾼과 반항하는 말썽꾼도 차분해져서 반작용이 줄어든다.

에이미: 복도를 가로질러 작업을 감독하는 위협자가 있는 방으로 간다고 상상해 보세요. 어떤 느낌이에요?

베타니: (눈을 감고 숨을 한 번 들이쉰다) 전 괜찮아요. 위협자가 듣고 있었어요. 제게 뭔가 말하고 싶어서 안달이 났어요.

에이미: 당신이 뭘 알아주길 원해요?

베타니: (위협자로서) 나도 내가 가혹하다는 건 알아요. 하지만 난 그렇게 요구할 수밖에 없어요. 비즈니스에서 성취하려면 계속해서 발전해야 해요. 내가 아니었으면 베타니는 아무것도 안 하려 했을 거예요. 내가 계속 쪼아대지 않았으면 앉아서 비디오 게임이나 하고 있었을 거라고요! 그런 시간 낭비가 어딨어!

에이미: (위협자에게) 그러니까 당신은 베타니가 성공하도록 밀어붙이려 한 거군요. 성공하면 베타니에게 무슨 도움이 될까요?

베타니: 사람들이 베타니를 우러러보겠죠. 그녀를 존경하고 감탄하며 바라볼 거예요. 베타니는 자신이 중요하다고 느낄 거고요.

에이미: 사람들이 베타니를 우러러보고 베타니가 자신이 중요하다고 느끼면, 그녀에게 무슨 도움이 될까요?

눈물이 베타니의 얼굴을 타고 내린다. 아주 부드러운 목소리로 그녀가 답한다.

베타니: 만족스러울 거예요. 드디어 내가 충분하다고 느낄 거예요.

에이미: 지금 어느 부분이 대답하고 있나요?

베타니: 어린 소녀요. 너무 슬퍼해요.

에이미: 그러니까 위협자도 어린 소녀가 부족하다고 느끼는 걸 막으려고 애썼던 거네요.

베타니: (깊이 숨을 들이마시고 현자 상태로 들어간다.) 그래요. 모든 부분이 어린 소녀를 돌보려고 애썼다니 정말 고마워요. 부분들이 싸울 때 소녀는 보살핌을 받는다고 느끼지 못해요. 무가치하고 부족하다고 느끼죠. 하지만 제가 아이를 돌보면 아이는 보살핌과

사랑을 받는다고 느껴요. 그러면 다른 부분들은 자신들이 할 수 있는 최선을 다하기만 하면 돼요.

에이미: 현자는 위협자에게 하고 싶은 말이 있나요?

베타니: (현자로서 위협자에게) 당신이 얼마나 열심히 해왔는지 알아요. 정말 고마워요. 나 역시 베타니가 경력을 잘 쌓길 바라지만 몸이나 마음 건강을 해치면서까지는 아니에요. 당신이 베타니를 밀어붙이는 게 합리적인 선이라면 '산만하게 하는 자'나 '반항하는 자'가 시간을 낭비하게 만들지 않을 거예요. 우리 모두 함께 일할 방법을 찾아야 해요.

부분들 사이의 타협점 찾아내기

베타니와 나는 위협자와 말썽꾼 사이에서 타협점을 찾아냈다. 작업을 감독하는 위협자는 말썽꾼이 산만하게 하고 일을 미루게 하지 않으면 베타니가 합리적인 수준에서 일하는 데 동의했다. 말썽꾼들은 그 조건에 만족했다.

우리는 모든 부분이 동의할 수 있는 '합리적인' 수준이 무엇인지 알아내야 했다. 이제 긴 할 일 목록을 생각 없이 만드는 일은 하지 않기로 했다. 대신 베타니는 "오늘 내가 한 가지만 해야 한다면 그건 뭘까? 두 번째 일도 할 수 있다면 그건 뭘까? 세 번째 일은?" 하고 스스로에게 물었다.

베타니는 해야 할 업무를 순서대로 적고 각 업무를 단계별로 나눴다. 작업관리자는 처리한 일을 목록에서 하나씩 지워나가는 걸 좋아했다.

베타니는 위협자에게 욕을 하지 말고 부드럽게 말하도록 상기시켰다. 위협자가 베타니를 비판하지 않자 어린 소녀는 프로젝트를 즐기며 창의성을 발휘할 수 있었다.

이제 베타니는 비디오 게임이나 문자를 보내고 싶을 때마다 말썽꾼이 작업을 감독하는 위협자에게 반응하는 것임을 알게 되었다. 베타니는 깊이 숨을 들이마시고 현자 상태로 들어가 말썽꾼과 감독하는 위협자가 균형을 되찾는 데 필요한 것이 무엇인지 귀를 기울였다.

까다로운 말썽꾼과 작업하기

당신이 말썽꾼을 경험할 때는 대개 말썽꾼이 다른 부분에게 반응하는 중이다. 하지만 말썽꾼은 당신이 감당하기 힘든 고통스러운 감정에 휘말릴까 봐 미리 선수를 치기도 한다.

고통스러운 상황을 예측하는 말썽꾼

에밀리는 한동안 치료를 받으며 잘 회복하고 있었다. 집이나 직장에서 더는 폭식하거나 토하지 않았다. 하지만 부모님을 방문할 때면 언제나 곧바로 부엌으로 가서 먹기 시작했다.

> **에밀리:** 제가 도대체 왜 그러는 건지 모르겠어요. 마치 좀비가 몸과 마음을 점령한 것 같아요. 저 자신을 어떻게 할 수 없는 느낌이에요.
>
> **에이미:** 부모님 댁에 있는 상상을 해보세요. 실제로 일어나고 있는 일처럼요. 이 부분은 당신이 무엇을 알아주길 원해요?

에밀리: 올 때마다 폭식하도록 세팅된 것 같은 느낌이에요. 제가 도착하면 많은 음식이 차려져 있어요. 우리는 식탁에 모여 에피타이저를 먹으며 시간을 보내요.

에이미: 당신은 부엌에서 무엇을 느끼고 있나요?

에밀리: (잠시 조용히 있다가 대답한다) 많이 두려워요. 무슨 일이 일어날지 모르겠거든요. 우리 부모님은 예측하기가 어려워요. 아빠가 술을 많이 마실 건지 아닌지, 엄마는 기분이 좋을 건지 나쁠 건지. 기분이 안 좋으면 누구한테 퍼부을 건지. 기분이 좋아도 두려워요. 얼마나 저 상태가 유지될지 모르거든요.

에이미: 당신을 위해 뭘 하려고 애쓰는지 이 부분에게 물어보세요.

에밀리: 내가 상처받지 않게 하려고 해요. 혹시 두통이 생길까 봐 미리 약을 먹어두는 것처럼요. 아무것도 느끼지 못하면 상처가 그리 아프지 않을 것 같아요.

에이미: 이 부분이 어린 부분을 어떻게 보호하려는지 이해할 수 있으세요?

에밀리: (고개를 끄덕인다) 네. 어린 부분을 돌보려고 애쓰는 게 고마워요.

에이미: 숨을 깊이 들이마시고 현자 상태로 들어가세요. 현자가 어떤 말을 하고 싶어 하나요?

에밀리: 우리 엄마에게 대응할 구체적인 방법이 필요해. 엄마가 폭발할 때를 대비해서.

에이미: 그 부분이 여기에 어떻게 반응해요?

에밀리: 그녀는 우리가 함께 대처하는 걸 좋아해요. 정말 기분이

좋네요.

우리가 말썽꾼의 목소리를 듣고 현자가 책임자 자리에 있자 말썽꾼은 차분해졌다. 현자의 도움으로 에밀리의 말썽꾼은 긍정적인 역할로 들어갈 수 있었고 지지자로서 자기 돌봄과 문제해결과 균형 잡는 역할을 했다.

에밀리와 나는 부모님 댁에 갈 때를 대비해 실제적인 전략에 공을 들였다. 우선 에밀리는 방문 계획을 미리 세웠다. 형제자매들이 가족들을 데리고 오기 전, 아직 어머니가 상쾌한 기분일 때 도착하도록 했다.

두 번째로 배가 고프면 폭식할 테니 배가 고프지 않은 상태로 도착하기로 했다.

세 번째로 차에서 내릴 때 에밀리는 어린 부분에게 무슨 일이 있어도 널 사랑한다고 말하고 아이를 집 밖에서 놀게 하는 상상을 했다.

네 번째로, 집에 들어갈 때 그녀는 호흡하며 현자 상태로 들어가 부분들에게 자신이 이제는 성인이며 자원도 많다고 상기시켜주었다.

마지막으로, 어머니가 '그 얼굴'을 하는 걸 알아차리면 핑계를 대고 방을 떠나기로 했다. 화장실에 가든지 집 밖으로 나오거나 집 주위를 한 바퀴 돌거나 아니면 조카들과 놀기로 했다. 그리고 엄마가 싫어하더라도 언제든 떠날 수 있다고 스스로에게 상기시켰다. 어머니 집에 갇혀 있을 이유가 없으니까.

에밀리가 폭식하게 되는 근본적인 이유를 자각하고 부모님 집에서 일어나는 감정들을 다룰 전략을 찾았기 때문에 '좀비 폭식'은 거의 사라졌다.

힘없는 추방자를 돌보는 반항하는 말썽꾼

또 다른 예를 살펴보자. 재스민은 거식증으로 치료를 받고 있었다. 그녀는 아버지와 같은 회사에서 일했다. 어렸을 때 아버지는 그녀를 무시하고 방치했다. 또 신체적·언어적 폭력을 행사했다.

> **재스민:** 아버지가 막 은퇴를 해서 회사에서 상을 주는 큰 파티를 계획하고 있었어요. 모두들 아버지가 훌륭하다고 했죠. 전 미소 지으며 고개를 끄덕였지만, 속으로는 아버지가 얼마나 쓰레기 같은 사람인지 악을 쓰고 싶었어요. 어렸을 때 아버지가 날 얼마나 심하게 대했는지 알면 아버질 훌륭한 사람이라고 생각하진 않을 건데 말이에요. 파티가 있던 날 저녁에 먹을 것을 잔뜩 사고 맥주와 담배까지 한 갑 샀어요. 담배를 안 피운 지 5년이나 됐는데 말이에요. 파티엔 안 갔죠. 아뇨, 집에서 술 마시고 담배를 피우고 진탕 먹었어요. 쳇! 이게 당신이 받을 큰 상이야, 아빠! 이런 의미인 거죠.
>
> **에이미:** 숨을 깊이 들이마시고 내면으로 들어가세요. 음식을 사서 집에 남아 먹었던 부분을 찾아보세요.
>
> **재스민:** (허공을 바라보며 한참 조용히 있다가) 재즈예요. 고등학교 때 친구들이 날 그렇게 불렀죠. 재즈가 진짜 열받았어요.
>
> **에이미:** 재즈를 잠시 바라보세요. 그녀에 대한 생각이나 느낌은 어떤가요?

재스민: 전 애가 좋아요. 배짱이 두둑해요.

에이미: 재즈에게 당신이 뭘 알아주길 바라는지 물어보세요.

재스민: 어렸을 때 아빠가 나한테 정말 야비했는데 누구도 나서지 않았어요. 그때를 재즈가 보여주고 있어요. 그래서 아빠 방에 몰래 들어가서 돈을 훔쳤죠. 그 돈으로 가게에 가서 음식을 잔뜩 사서 먹었어요.

에이미: 지난주에 일어났던 일과 같네요. 재즈에게 물어보세요, 당신을 위해 뭘 하려고 애쓰고 있는지.

재스민: (눈을 감는다.) 제가 무력해지지 않길 원해요. 그게 아빠에게 복수하는 것처럼 느껴지거든요.

에이미: 어렸을 때 아빠에게 맞섰다면 무슨 일이 일어났을까요?

재스민: 아, 안 돼요! 그럼 훨씬 더 안 좋았을 거예요. 아빤 분명절 마구 때렸을 거예요.

에이미: 정말 옴짝달싹 못하는 상황이었던 것 같네요.

재스민: 그렇죠. 완전히 무력해지는 어린 부분이 있어요. 아이는 아빠를 정말 무서워해요.

에이미: 재즈에게 어린 부분을 위해 무엇을 하려고 애쓰는지 말해달라고 청해보세요.

재스민: (재즈가 되어 살짝 건방진 목소리로) 글쎄, 누군가는 뭔가를 해야지 않겠어요. 아이에게 그런 짓을 해놓고 벌도 안 받고 빠져나가면 안 되죠. 아빠 방에서 돈을 가져 나올 땐 아빠에게 멋대로 구는 느낌이 들었어요.

에이미: (재즈에게) 아빠에게 멋대로 구는 느낌일 때 재스민에게는

어떤 도움이 되나요?

재스민: (재즈가 되어) 자신이 중요하다고 느끼죠. 아빠를 벌주는 것처럼요. 자신에게 힘이 있고 아빠를 맘대로 할 수 있는 거죠.

에이미: 하지만 지금 재스민은 중요한 사람이에요. 다 큰 성인이고요.

재스민: (혼란스러워 보인다. 답을 할 때 더는 재즈의 목소리가 아니다.) 와! 저뭔가 깨달았어요. 재즈와 겁에 질린 어린 부분은 그걸 몰라요. 걔들은 여전히 과거에 갇혀 있어요. 직장동료들이 아빠를 칭찬했을 때, 제가 아주 어린 것 같은 느낌이었어요. 겁에 질린 어린 부분은 완전히 혼자라고 느꼈어요. 자기가 아파하고 있는 걸 아무도 모르고 신경도 안 쓰는 것처럼요.

에이미: 아빠의 퇴직 파티 때 당신이 보인 반응이 지금 이해가 되나요?

재스민: 아빠를 다시 벌주려 했던 것 같아요. 하지만 그럴 수 없으니 저한테 화풀이한 거죠. 근데 슬픈 건, 아빠는 그런 줄도 몰라요.

에이미: 깊이 숨을 들이마시고 내면 깊이 평화로운 곳으로 가세요. 현자의 목소리를 들으세요. 무슨 말이 들리나요?

재스민: 겁에 질린 어린 부분을 불쌍하게 여겨요. 아이를 안고 아빠가 그렇게 야비하게 군 건 잘못이라고 말해주고 싶어 해요.

에이미: 그런 일이 실제로 일어나고 있는 것처럼 몸으로 느껴보세요.

재스민: (쿠션을 무릎 위에 놓고 안는다. 눈을 감고 잠시 침묵한다.) 겁에 질린

어린 부분이 왜 아빠가 자기한테 그렇게 야비한지 알고 싶어 해요. 자기가 나빠서 그런 거냐고요.

에이미: 아이에게 뭐라고 말해주고 싶으세요?

재스민: (어린 부분에게 부드럽고 달래는 목소리로) 아니야. 아빠 어떻게 사랑하는지를 모르는 망가진 사람이야. 넌 그냥 어린애고.

에이미: 아이가 어떻게 반응해요?

재스민: 이 말을 듣는 걸 좋아해요. 마침내 누군가 자신을 돌봐준다고 느껴요.

에이미: 그걸 잠시 느껴보세요. 당신이 신경 쓴다는 걸 아이가 느끼게 해주세요.

재스민이 말없이 웃는다.

에이미: 계속 안아주세요. 우리는 재즈에게도 돌아가봐야 해요. 사람들이 아빠를 칭찬할 때, 재즈가 당신이나 당신 몸에 화풀이하지 않으려면 뭐가 필요할까요?

재스민: 어린 부분이 보살핌을 받고 보호받으면 재즈는 괜찮대요. 근데 뭔가를 하고 싶어는 해요. 뭔가 정말 의미 있는 거요.

에이미: 그게 당신에게는 어떤 의미가 있는지 재즈에게 물어보세요.

재스민: 아이의 삶을 바꿀 뭔가를 하고 싶어 해요. 그리고 아빠가 아이에게 한 일은 나쁜 거라고 아빠에게 메시지를 보내고 싶어해요.

재스민의 어린 부분이 보살핌을 받자 그녀의 '반항하는 말썽꾼'이 차분해져 지지자로서 긍정적인 역할로 되돌아갔다. 지지자는 재스민이 자신의 목소리를 되찾고 아동 학대에 반대 목소리를 내길 원했다. 재스민은 빅브라더/빅시스터라는 단체에 가입해 학대받는 아이들의 삶을 바꾸는 일에 참여했다. 재스민은 학대받은 어린 부분을 치유했을 뿐 아니라 다른 아이의 삶에도 변화를 가져왔다.

자기 얘기를 들어주기 바라는 말썽꾼

레베카는 폭식 문제를 다루려고 치료를 시작했다. 그녀는 불안해서 과식할 때도 있지만 때로는 삶에서 원하는 걸 얻지 못해 올라오는 깊은 감정을 누르기 위해 과식한다는 걸 깨달았다.

레베카에게는 똑똑하게 말 잘하고 당돌하게 반항하는 록시라 불리는 '파티 걸' 말썽꾼이 있었다. 앞서 말했듯 말썽꾼과 지지자는 부분들 중에서 자긍심이 가장 강하다. 이 부분들은 당신이 들어야 할 중요한 메시지를 갖고 있을 때가 많다. 당신이 귀 기울이지 않으면 말썽꾼은 상당히 고집을 부릴 수 있다. 당신이 귀를 기울이지 않으면 상태가 더 나빠진다.

> **레베카:** (두 손을 마구 휘두르며 아주 빠르게 말한다.) 날마다 열받았었어요. 록시가 계속 사람들한테 버럭 화를 내는 거예요. 나는 좋은 사람이니까 다 받아줘야 하거든요. 사실 저도 터지기 직전이에요. 다른 사람들 지랄을 맨날 받아주는 거 나도 이젠 안 할 거야. 저도 감정을 가라앉혀야 하는 건 알아요. 부모님이랑 함께 있을 때 저는 대체로 조용히 지내는데 록시는 입을 안 다물어요. 약혼자와 언니가 계속 끼어드는 바람에 록시가 둘한테 화

가 많이 났어요. 직장 상사는 또 왜 그리 이상한지. 상사니까 "노"라고 하면 안 되죠. 근데 록시는 잔소리를 해대는 거예요. 고객들 잔소리는 제가 다 받아야죠. 일이니까요. 근데 뒷방에서 록시는 다 퍼부어요. 동료들은 그게 좋으니까 절 막 부추기고요.

에이미: 와! 레베카, 좀 천천히 해요. 숨 한 번 들이마시죠.

레베카: 예, 알아요, 제가 입을 다물어야 하는데.

에이미: 아뇨, 그건 아녜요. 제 생각에 록시에겐 당신이 알아주길 바라는 뭔가가 있네요. 알다시피 우리의 모든 부분은 자기 얘기를 들어주길 바라요. 록시의 입을 막으면 안 되는 거죠.

레베카: 록시는 버스에서 어느 여성에게 싸움을 걸었어요. 그 여자가 껌을 딱딱 시끄럽게 씹으면서 큰소리로 통화하고 있었거든요. 혐오스러웠어요. 록시가 얼굴을 들이대고 욕을 했어요. 그 여자, 진짜 거친 사람이었는데 저한테 소리를 지르는 거예요. 제가 그러면 안 되는 거였어요. 안전하지 않잖아요. 그 여자에게 총이 있었으면 절 쐈을 거예요.

에이미: 네, 듣고 있어요, 레베카. 실은 껌을 시끄럽게 씹는 여성에 관한 이야기가 아니란 걸 당신도 알 거예요. 그건 최후의 결정타였던 거죠. 뭐가 쌓여 있었던 걸까요? 록시는 정말 당신에게 무슨 말을 하고 싶은 걸까요? 록시는 당신이 뭘 알아주길 바라는 걸까요?

레베카: (록시가 되어) 내 말을 안 들어줘! 모두가 나보고 입 좀 다물래. 감정을 가라앉히래. 내 몫을 못 챙기고 있잖아! 내가 왜 버

스에서 자리를 옮겨야 해?! 내 차례는 언제 오는 거야? 내 말은 언제 들어줄 거냐고!?

에이미: (록시에게) 레베카를 위해 원하는 게 뭐예요?

레베카: 전 레베카가 온 세상을 가졌으면 좋겠어요. 돈 걱정 없이 더 나은 삶을 살길 원해요. 관계도 좀 더 충만했으면 좋겠어요. 좀 더 보람 있는 일을 했으면 해요. 서빙은 그만두고 다음 단계로 옮겨 가야죠. 레베카는 자기 사업을 하며 누구의 지시도 안 받고 사람들의 존경을 받고 싶어 해요. 근데 여전히 힘들고 지루한 일을 하고 있어요.

에이미: 레베카에게 하고 싶은 다른 말은 없어요?

레베카: 레베카가 제 말을 듣지 않아서 정말 화가 났어요! 제가 말할 기회를 안 줘요!

에이미: 그것에 대해 레베카에게 더 말해 주세요.

레베카: 예전에는 제가 랩 음악을 하도록 해줬어요. 절 화나게 하는 것들, 어떻게 세상을 바꿀 수 있는지, 이런 것에 대해 가사를 썼거든요. 그런데 오랫동안 그걸 못하게 했어요. 그러니까 내 안에 가득 쌓여서 더는 견디지 못하겠어요.

에이미: 레베카에게 뭘 원하세요?

레베카: 날 억누르려고만 하지 말고 내 말에 더 자주 귀를 기울였으면 좋겠어요. 직업인이라고 자기 생각을 전혀 말 안 하잖아요. 지금은 돈이 필요하니까 겁이 나서 상사한테 할 말도 못하고 있죠. 이 일이 자기 수준 아래란 건 레베카도 알아요. 새 사업을 위해 착실하게 준비를 했으면 좋겠어요.

에이미: 록시가 하는 말 들었어요?

레베카: 네, 들었어요.

에이미: 록시는 당신이 하는 일이 당신에게 만족감을 주지 않는다는 걸 알고 있어요. 록시가 당신을 위해 무얼 하고 있는지 이해할 수 있어요?

레베카: (눈물을 글썽이며 고개를 끄덕인다.) 록시는 절 구하려고 애쓰고 있어요. 나한테 레베카를 돌려주려고 애쓰고 있어요.

나는 레베카에게 깊이 숨을 들이마시고 내면으로 들어가 현자를 찾으라고 격려했다. 연민, 호기심, 창의성이라는 특성을 이용해 레베카와 록시는 함께 균형을 찾는 작업을 했다. 레베카는 록시에게 자신을 표현할 기회를 더 주기로 약속했다. 그 대신 록시는 레베카가 자신의 말을 들어주는 한 부적절하게 '폭발하지' 않기로 약속했다. 레베카는 몇 회기 동안 가족과 약혼자에게 자신을 표현하는 방법을 연습했다.

레베카와 록시는 함께 협력했고 레베카는 자기 삶 속에 록시가 존재하는 데 감사했다. "록시는 제가 살아있다고 느끼게 해줘요! 록시는 활기차고 정말 재밌어요!"

증상과 행동이 바뀌다

말썽꾼들은 때로 행동과 증상을 바꿔가며 문제를 일으킨다. 폭식은 멈추었는데 술을 더 많이 마신다. 술을 통제하면 갑자기 마리화나를 피우고 있다. 마리화나를 포기하면 먹는 게 엉망이다. 당신은 "나라는 사람은 중독에 빠지는 성격인가 봐"라고 생각한다.

참나에 관한 감각이 확고하고 모든 부분이 자기 얘기를 들어주고 이해받고 보살핌을 받는다고 느끼면, 말썽꾼의 이런 행동은 전혀 필요하지 않다. 하지만 당신의 위협자와 추방자가 통제 불능이면 말썽꾼도 계속 반응한다.

우리는 4장에서 몰리를 만났다. 그녀는 남자친구와의 관계 때문에 힘들어했는데, 낮에는 잘 참다가 밤이 되면 폭식을 했다. 몰리는 술을 많이 마셨고 일주일에 몇 번은 밤에 마리화나를 피웠다. 또 줄담배를 피웠고 거의 매일 강박적으로 운동했다. 한 가지 증상을 다루려고 하면 다른 증상이 그 자리를 대신했다.

> 에이미: 폭식이나 폭음을 하고 담배를 피우는 부분을 상상해보세요.
> 몰리: (눈을 감는다.) 작은 녹색 그렘린*처럼 생겼어요. 정말 소름 끼치게 생긴 남자예요.
> 에이미: 그렘린에 대한 생각이나 느낌이 어떠세요?
> 몰리: 싫어요. 무서워요. 사라졌으면 좋겠어요.
> 에이미: 이 남자가 당신을 위해 뭘 하려는지 우리가 알아내야 해요.
> 몰리: (두려움에 가득 차서 대답한다.) 그 남자한테 말 걸고 싶지 않아요.

5장에 나온 조니의 부풀어 오른 위협자처럼, 몰리를 통제하기 위해 그녀의 말썽꾼은 무서운 그렘린의 모습을 하고 있다. 끔찍한 외

---

* 기계에 고장을 일으키는 것으로 여겨지는 가상의 존재 - 네이버 영어사전

모를 가진 말썽꾼이 몰리를 위해 긍정적인 일을 하려고 애쓴다는 걸 알게 되었다.

에이미: 심호흡을 몇 차례 해보세요. 그렘린이 당신에게 무슨 말을 하고 싶어하는지, 호기심을 가져 보세요.

[호기심은 참나의 특성임을 기억하라.]

에이미: (그렘린에게) 당신은 정말 열심히 일하시는군요. 몰리를 위해 뭘 하려고 하시나요?

몰리: (그렘린이 되어) 몰리는 정말 겁쟁이예요. 누군가는 돌봐줘야 해요.

에이미: 그러니까 당신은 몰리를 보살피려 하는군요. 좀 더 얘기해 주시겠어요?

몰리: 몰리가 다 알게 된다고 해서 현실을 받아들일 거라고 생각하지 않아요.

에이미: 뭐에 대해 다 안다는 거죠? 몰리가 뭘 알기를 원하세요?

몰리: 몰리가 자기 삶을 잘 들여다보면 몹시 우울해질 거예요. 션은 폭력적이고 일은 지랄 맞고 부모님은 몰리를 무시하고, 친구들은 몰리를 이용만 해요.

에이미: 그러니까 당신은 몰리를 우울하게 만들 수 있는 현실을 보지 못하게 하는군요.

몰리: 네.

에이미: 몰리가 우울해지면 어떤 일이 일어날 거라 생각해요?

몰리: 글쎄, 무너지거나 아니면 … 정말 화가 나겠죠! 너무 화가

나서 모두 부숴버릴 거예요!

몰리는 자신의 분노를 건강하게 표현하는 법을 배운 적이 없었다. 그녀가 자신의 감정을 남자친구나 부모님, 친구들에게 표현하려 하면 그들은 그녀를 공격했다. 그래서 몰리는 화가 나고 갇힌 기분으로 좌절감을 느꼈다. 말썽꾼은 음식과 술, 마리화나와 담배와 운동으로 몰리의 화와 좌절을 다루려 한다.

먹고 마시고 담배를 피우고 약에 취하면 몰리의 위협자가 반응한다. "이 돼지야! 그건 먹지 말았어야지! 대체 넌 뭐가 잘못된 거야? 내일은 샐러드만 먹어."

몰리는 언제 화가 나는지, 어떻게 감정을 다루는지 알아야 한다. 그래야 그렘린이 파괴적인 행동에 의존하지 않을 것이다.

에이미: (그렘린에게) 와, 정말 대단한 일이네요. 그렇게 열심히 일하는 것도 당연하네요!

에이미: (몰리에게) 그렘린이 당신을 위해 뭘 하려는지 들었어요? 지금 그렘린에 대한 느낌이 어떠세요?

몰리: 그렇게 끔찍해 보이지 않아요. 그렇게 무섭게 보이지도 않고요.

에이미: 그가 당신을 위해 하려던 일을 이해할 할 수 있어요?

몰리: 네.

에이미: 이해하는 마음을 그에게 말하거나 보여주시겠어요?

몰리: (잠시 눈을 감았다가) 그도 알아요.

4장에서 기술했듯 몰리는 천천히 그리고 점진적으로 참나에 대한 감각을 확립해갔다. 그녀는 자기주장을 할 수 있었고 자신의 삶을 변화시킬 수 있었다. 그런 다음에는 술이나 담배에 의지하지 않고서도 폭식을 멈출 수 있었다.

자해

성적 학대를 받은 적이 있다면 당신의 말썽꾼은 학대의 감정과 기억과 정서와 몸 감각으로부터 추방자를 보호하기 위해 훨씬 더 많이 투자한다. 당신의 말썽꾼은 당신이 그런 감정을 다루지 못할까 두려워한다. 당신이 무너져서 온전해지지 못할까 걱정한다. 말썽꾼은 당신이 추방자가 숨은 벽장에 가지 못하게 하려고 미친 듯 노력하다가 자해를 하기도 한다. "아, 어쩌지! 얘가 벽장 가까이에 가고 있어! 빨리, 쟤 좀 멈춰!"

당신의 부분이 작업하는 속도는 다 다르다. 인내심을 갖기를 바란다. 가장 느린 부분의 속도에 맞춰 진도가 나갈 수밖에 없다. 성적 학대의 뿌리에 가 닿으려고 너무 달려들면 말썽꾼의 문제 행동이 더 악화되고 자해나 폭력에 의존하게 된다. 성적 학대 생존자와 작업한 경험이 있는 치료사를 찾으라고 권하고 싶다.

앞에서 만난 에린은 섭식장애와 자해 행동을 극복하기 위해 여러 해 동안 열심히 노력해 왔다. 고맙게도 에린은 온전히 회복하기까지의 여정을 나누어도 좋다고 허락해 주었다. 아래는 그녀의 설명(과 나의 코멘트)이다.

자해를 멈추는 첫걸음은 마주하기 힘들어했던 약하고 취약한 어린 부분들을 살펴보도록 자신에게 허용하는 것이었다. 나는 아주 오랫동안 학대가 그 부분들 탓이라고 비난했다. 어린 시절의 상처와 고통을 마주하기보다 고통스럽고 괴로울 때마다 어린 소녀들을 비난하는 것이 더 쉬웠다.

에린은 '첫걸음'이라고 했지만, 실제 변화는 치료가 몇 년이나 진행된 후에 일어났다. 절박한 어린 소녀들과 작업할 수 있기까지 에린은 참나 에너지를 충분히 쌓아야 했다. 어린 소녀들에게서 물러나 참나 상태에 머무름으로써 현자가 연민으로 어린 소녀들의 상처를 치유할 수 있었다.

어린 소녀들의 취약함을 마주할 수 없었기 때문에 다른 부분이 (학대하는 말썽꾼)으로 발달했다. 내가 취약하다고 느낄 때마다 그 (말썽꾼)부분이 표면으로 올라와 자해를 통해 취약한 어린 소녀들을 짓눌렀다.

나는 지적으로, 더 중요하게는 감정이입을 통해 (말썽꾼)의 유일한 목적이 어린 소녀들이 가진 아픈 감정으로부터 나를 보호하려는 것임을 이해해야 했다. 마침내 어린 소녀들에게 귀를 기울이게 됐을 때, 그건 내가 자해를 벗어나는 유일한 길이었는데, 나는 소녀들의 말을 듣기 위해 (말썽꾼)이 조용히 있도록 공을 들여야 했다. 나는 현자의 도움으로 강해질 것이고 그런 감정에 빠져 망가지지 않을 거라고 (말썽꾼에게) 확신을 주어야 했다.

어린 소녀들과 작업하는 데서 올라오는 극단적인 감정과 감각으로 빨려들지 않기 위해 에린은 참나에서 오는 강인함과 용기가 필요했다. 그때에야 비로소 말썽꾼은 에린을 믿고 이 작업이 계속 진행되도록 허락했다.

회복하기까지 아주 오랜 시간이 걸렸다. 나는 운 좋게도 정말 좋은 사람들을 만나 작업할 수 있었다. 치료과정에서 배운 한 가지는 알지도 못하는 사이에 일어났다. 내가 기대던 사람들이 보여준 공감을 관찰하면서 나는 궁극적으로 도움이 필요했던 어린 소녀들에게 공감할 수 있었다.

성적 학대 생존자와 작업하는 치료사는 반드시 자신의 현자 상태에 머무를 수 있어야 하고 자신의 부분들이 활성화되어 회기를 장악하지 않도록 해야 한다. 치료사의 현자가 가진 연민 어린 치유력은 치유과정에서 아주 중요한 요소이다.

내가 배운 또 한 가지 중요한 점은, 성장하는지 알 수 없고, 심지어 내가 성장을 원하는지 알 수 없을 때조차 포기하지 않고 계속하는 것이었다. 겉보기엔 비생산적이고 지루한 단계도 큰 성장의 시간임을 믿게 되었다. 성장은 아무것도 없는 진공에서 툭 튀어나오는 게 아니고 앞으로 나아가는 아주 작은 발걸음이 모여 이룬 결과다.

내가 어떻게 자해를 멈췄는지는 답하기 어려운 질문이다. 어느 날 일어났더니 안 하게 됐다고 말할 수 있으면 좋겠다. 나는 관찰했고 배웠다. 상황이 일어나기 전에 필요한 것들을 미리 적극적으로 처리했다. 그리고 하고 싶지 않았지만, 치유에 필요한 작업을 해야 했다! 모든 생각과 감정을 살펴봐야 했고 자해하려는 반사적인 반응에 저항했다. 달라지기 위해 그 과정 내내 나 자신과 계속 대화했다. 내가 다른 결정을 하는 것처럼 보이는 순간이 진짜가 아닐 때도 있었다. 하지만 다른 결정을 내리는 횟수가 많아질수록 내 인생의 변화가 가능할 뿐 아니라 오랫동안 갇혀 있던 덫에서 벗어날 수 있음을 깨달을 수 있었다.

에린의 말처럼 어느 날 아침에 일어나보니 갑자기 달라져 있진 않을 것이다. 모두가 그런 걸 원한다. 나도 회복 기간 동안 그러기를 바랐다. 그런 결과를 얻으려면 선제적이고 적극적인 단계가 필요하다. 자동 반사 반응에 저항해야 한다. 하지만 천천히, 천천히 그 모든 것이 제자리를 찾았음을 알아차리게 될 것이다. 일단 선생님이 중학교 밴드부 교실에 함께 머무르면, 선생님과 학생들은 서서히 하모니를 찾게 된다.

다음 장에서는 무엇이 정말 중요한지 살펴보자.

회복을 돕는 질문들

아래 질문들을 혼자 조용히 숙고할 수 있는 시간을 갖는다. 스스로에 대해 배운 것을 기록할 수도 있다. 당신의 답을 치료사와 공유할 것을 권한다.

1. 이 장을 읽는 동안 당신에게 불쑥 나타난 부분들을 알아차렸는가? 어떻게 당신은 그 부분들에게 옆으로 물러나 당신이 참나 에너지 상태로 돌아가도록 요청할 수 있었나?

2. 당신의 말썽꾼들을 당신은 어떻게 경험하는가?

3. 말썽꾼들을 완전히 없애버린다면 삶에서 어떤 면이 완전히 엉망이 될까?

4. 현자가 어떤 말이나 행동을 하면 말썽꾼이 진정하고 보살핌을 받는 데 도움이 될까? 당신의 현자는 말썽꾼을 보살피기 위해 무엇을 혹은 무슨 말을 하고 싶어 하나?

5. 당신의 말썽꾼은 당신을 위해 무엇을 하려 하나? 그들의 긍정적인 의도는 무엇인가?

6. 당신의 지지자들이 균형 잡힌 상태는 어떤 느낌인가? 당신이 균형을 찾았을 때, 어떤 상황에 대해 발언을 했을 때, 자기를 돌보는 활동을 했을 때 등을 생각해보라.

8
나는 무엇에 가치를 두는가?

책을 덮고 펜과 종이를 몇 장 가져오자. 편안하게 앉아서 눈을 감고 깊이 숨을 들이마신다.

머리에서 빠져나와 잠시 모든 생각을 멈춘다. 판단, 비난, 걱정, 근심, 두려움, 그 모든 것에 신경을 끊는다. 안으로 들어가 내면의 평화롭고 조용한 곳, 무엇이 옳고 최선인지를 아는 고요한 지혜의 목소리에게 다가간다. 평화와 지혜와 앎의 장소에서 아래 세 질문에 대한 답이 내면에서 솟아오르도록 한다. 즉시 튀어나오는 답을 적는다.

1. 당신은 101살이고 오늘이 생의 마지막 날이다. 임종을 맞아 친구와 가족, 사랑하는 사람들에 둘러싸여 침대에 누워 있다. 방은 사람들로 꽉 찼다. 모인 이들 중에는 만난 적이 없는 사람도 있고 아직 태어나지 않은 이도 있다. 이 책을 읽고 있는 지금과 101살이 되는 날 사이에 무엇을 하고 싶고 또 무엇을 하면 삶을 되돌아볼 때 만족스럽게 "아, 좋

은 인생이었어! 고마워!"라고 말할 수 있을까?

2. 당신이 죽은 다음 날, 추도식이나 장례식이 열리고 있다. 사랑하는 친구와 가족이 한 명씩 앞으로 나와 추도사를 하고 있다고 상상해보자. 그들이 당신과 당신의 삶에 대해 어떤 말을 하길 원하는가. 그들이 당신을 어떻게 기억해주길 원하는가.

3. 이 책을 읽고 있는 오늘, 살 날이 6개월밖에 남지 않았다는 걸 알게 됐다. (걱정하지 않아도 된다. 당신은 건강하고 활발하게 지낼 것이고 자다가 고통 없이 세상을 떠날 것이다.) 이런 사실을 알게 된 지금, 앞으로 6개월을 어떻게 지내고 싶은가.

당신의 가치와 목표를 명확히 하기

방금 마친 연습이 당신에게 무엇이 가장 중요한지 명확하게 하는 데 도움이 되었길 바란다. 이 연습은 당신의 가치와 목표를 분명하게 보여준다.

나는 치료 초반에 내담자들에게 이 질문을 한다. 회기 중에 우리는 금방 떠오르는 답을 나눈다. 그런 뒤에 나는 더 깊은 답을 얻을 수 있도록 다음 회기 전까지 질문을 곰곰이 생각해볼 것을 권한다. 시간을 더 들여 질문을 곰곰이 생각해보고, 아직 답을 쓰지 않았다면 써보길 권한다.

레아는 "프랑스어를 유창하게 하고 파리에 가서 살고 싶어. 미국 대사관에서 통역으로 일하고 싶어"라고 구체적으로 말했다. 목표가 모호한 사람도 있다. 만족감을 주는 경력과 충만한 우정을 원할 수 있다.

여행하며 모험하고 재밌는 일을 즐기고 싶을 수 있다. 관계에 헌신하거나 아이를 갖고 싶을 수 있다. 세상을 더 나은 곳으로 만들고 싶고, 자신의 발자취를 남기거나 다른 사람을 돕고 싶을 수도 있다.

사랑하는 사람들이 당신을 너그럽고 사랑이 많고 친절하고 강하고 탄력성 있고 재밌고 유머 감각 있고 따뜻하고 믿음직하고 자상한 친구로 기억해주길 바랄 것이다. 생의 마지막 6개월 동안 당신은 늘 하고 싶었던 여행, 모험, 즐거운 일을 하고 싶을 것이다. 분명 당신은 친구와 가족에게 사랑한다고 말할 시간을 갖고 싶을 것이다.

당신에게 정말 중요한 건 무엇인가

30년 넘게 상담을 하면서 "내 삶의 유일한 목표는 세상에서 제일 마른 사람이 되는 거예요. 내가 44사이즈를 입었다는 사실을 친구들이 기억해줬으면 좋겠어요. 내 생애 마지막 6개월을 운동하고 굶으며 지냈어요. 비석에 '×× 킬로그램을 뺏다'라고 적고 싶어요"라고 말한 내담자는 단 한 명도 없었다.

최근 거식증 회복을 시작한 줄리에게 이 연습을 소개하자 그녀는 다음과 같은 목록을 만들었다.

1. 친절하고 재미있고 배려하며 내 존재로 다른 사람의 삶을 풍요롭게 하는 사람 되기
2. 공부 계속하기 – 나의 지성을 키우기
3. 나 자신, 그리고 세상과 평화롭게 지내기
4. 건강하게 오래 살기

5. 좋은 친구, 언니, 딸
6. 사람들이 즐길 수 있는 독특하고 지속 가능한 것 창조하기

줄리는 목록을 읽어주며 울었다. "어느 목표도 내 외모와 관련된 게 없어요. 하루 중 95%를, 내 두뇌를, 그렇게 하찮은 걸 생각하며 보냈다는 게 너무 안타까워요."

내담자 메리언도 질문들을 깊이 생각했다. "나는 평화롭게 지내고 싶어요. 혼자인 시간을 충만하게 즐기고 싶고요. 물론 사람들과 온전히 유대감을 느끼고 싶기도 하고요. 사람들이 내 유머 감각을 기억해줬으면 해요. 내가 어떻게 자신들을 웃게 해줬는지, 어떻게 자신들이 나를 웃게 했는지."

그러다 메리언은 어느 파티에서 친구와 했던 대화를 기억했다. "우리는 삶에서 뭐가 제일 중요한지 이야기 나누고 있었어요. 대부분 가족과 친구라고 말했어요. 자기 경력이 중요하다는 사람도 몇몇 있었죠. 한 여성이 '내 옷, 내 보석'이라고 말했는데 그녀가 참 안돼 보였어요. 그녀가 죽으면 보석이 무덤에 와서 울어주진 않을 거잖아요. 그녀가 사라졌다고 옷이 그녀를 그리워하진 않을 거잖아요."

의미와 목적을 잃어버렸을 때

한창 섭식장애를 앓을 때는 음식과 섭식, 몸무게, 외모가 아주 중요하다. 1장에서 언급한 것처럼, 참나가 희생되었을 때 당신은 내면에 아무것도 없는 것처럼 느낀다. 그래서 바깥(몸매, 얼굴)이 정말 중요해진다.

하지만 더 중요하게는 참나가 희생되었을 때 당신은 삶의 의미, 방향, 목적을 잃어버렸다. 마음 깊이 정말로 소중하게 여기는 것들과의 연결을 잃어버렸고, 당신의 목소리, 선택권, 개인적 힘을 잃어버렸다.

참나를 회복하는 동안 내면 깊이에서 자신에게 중요한 것을 이루려는 방향과 목적을 향해 하루하루를 자신의 신념과 가치에 따라 사는 법을 배우게 된다.

어떻게 살고 있나요?

1999년 1월 '깨어나기 센터The Awakening Center'의 소식지에 "1990년에 미국인들이 다이어트와 체중감량 산업에 330억 달러를 썼다"라는 기사가 실렸다. 사람들은 이게 얼마나 어마어마한 액수인지 이해하지 못한다. 3천3백만 달러. 3만3천 달러의 1백만 배다. (내가 이 책을 쓰고 있는 2016년에 미국인들은 다이어트에 500만 달러 이상을 쓰고, 성형수술과 지방흡입에 100억 달러를 쓴다.) 우리는 "이 돈으로 세상을 위해 할 수 있는 좋은 일을 생각해보라. 당신에게 330억 달러(우리 돈으로 46조)가 있다면 그 돈으로 무엇을 하겠느냐?"라고 독자들에게 물었다.

흥미로운 답변을 많이 받았다. 한 독자는 구체적인 계획을 보내왔는데, 1백만 달러씩 보낼 자선단체 목록을 길게 적었다. 부모님의 대출금을 갚고 할머니에게 집을 사주고 싶어 했다. 대학원 학위를 따고 싶어 했다. 우리는 모든 경비를 추산한 뒤 "남은 320억 달러로는 뭘 하고 싶으세요?"라고 답장을 보냈다. 긴 자선단체 목록에도 불구하고 그 독자는 330억 달러가 얼마나 엄청난 돈인지 가늠하지 못했다.

더 심층의 문제는 무엇인가

2001년 9월 11일 밤 섭식장애지지모임은 평소와 다름없이 모임을 가졌다. 세계무역센터와 펜타곤 테러가 있던 날, 모임에 참석한다는 게 비현실적으로 느껴져서 오는 사람이 있을지 확신이 서지 않았다. 그런데 평소보다 많은 회원이 참석한 것을 보고 놀랐다.

그 모임은 내가 이끌던 다른 모임과 달랐다. 회원들은 평소 우려하던 음식이나 섭식, 몸무게에 대해 이야기하지 않았다. 우리는 두려움과 안전, 취약함과 위험, 연결과 외로움, 삶과 죽음에 대해 이야기했다. 회원들은 열려 있고 솔직했다.

한 회원은 이렇게 말했다. "어떨 때는 쿠키 하나 먹은 거에 그렇게 집착해요. 근데 삶에서 보장된 건 하나도 없잖아요. 우리에겐 오늘 하루만 있어요. 저 바깥세상에는 우리가 모르는 게 정말 많잖아요. 지금, 내 허벅지 크기는 중요하지 않아요."

당신의 자원을 어떻게 쓰고 싶은가

생각해보면 우리가 가진 자원은 시간, 에너지, 돈, 지능 이렇게 네 가지밖에 없다. 당신의 가치와 삶의 목표를 깨달으면 당신이 가진 제한된 자원을 어떻게 쓰고 싶은지 결정할 수 있다. 하루에 주어진 시간이 정해져 있고, 은행 잔고가 얼마이고, 쓸 수 있는 에너지도 제한되어 있는데, 당신은 이걸로 무엇을 하고 싶은가?

줄리는 회복되는 동안 자신의 현자와 접촉하면 마음챙김하면서 의사결정하는 데 도움이 된다는 것을 발견했다.

> 자원을 쓰는 건 내년 여름휴가를 위해 돈을 저축하는 것과 같아요. 그래요, 지금 별로 중요하지 않은 것에 몇 달러를 쓸 수 있죠. 하지만 멈춰서 장기 계획을 기억할 수도 있어요.
>
> 끼니를 거를 생각을 할 때 저는 장기적으로 정말 중요한 게 뭔지를 다시 떠올려요. 내 시간과 에너지와 돈을 살 빼는 데 쓸 수 있어요. 하지만 호흡하고 현자에게 귀를 기울일 수도 있어요. 현자는 음식을 통제하는 것은 제 안에 있는 어린 소녀를 미워하는 일이라고 말해줘요. 전 그 어린 소녀를 사랑해줘야 해요. 오늘 내 몸매, 몸무게, 외모뿐 아니라 장기적으로 어떻게 살고 싶은지 생각해봐야 해요.
>
> '어떡해! 나 살찌겠다'라고 생각할 때마다 숨을 들이마시고 현자의 말을 들어요. 그녀는 말해요. '너 그거 알아? 넌 있는 그대로 사랑스러워. 네가 임종을 맞을 때 사람들은 네가 너그럽고 친절한 사람이었다고 말할 거야. 목표를 달성할 수 있도록 네 몸에 먹을 것을 줘야 해.'
>
> 현자는 오늘 지방 몇 그램을 먹었는지 신경 쓰지 말고 삶을 바꿔줄 지식으로 마음을 채우길 원해요. 현자는 방 안에서 내가 제일 마른 여자인지 걱정하지 말고 '경쟁'을 멈추고 다른 사람들과 진정으로 연결되라고 말해요.

자신의 현자와 온전히 연결되면서 줄리는 자신의 자원을 몸무게나 몸매 같은 중요하지 않은 일에 쓰고 싶지 않다는 사실을 깨달았다.

몸무게와 목표를 분리하기

당신이 101살까지 살면서 목표를 이루고 싶다면, 필수적으로 몸을 돌봐야 한다. 자신의 몸과 평화롭게 지내는 것은 체중감소를 삶의 목표로 삼는 것과는 다르다.

성공한 전문직 여성인 킴의 사례에 공감하는 사람도 있을 것이다. 킴은 폭식 때문에 건강하지 못하고 몸무게까지 늘었다. 이 때문에 많은 내적 혼란이 일어났다. 킴이 아래 세 가지 질문을 숙고하며 자신에게 맞는 답을 찾기까지 시간이 좀 걸렸다.

킴: 하지만 체중감량이 제 목표라면요?

에이미: 인생의 목표라는 말씀이신가요?

킴: (생각을 좀 하고) 아뇨, 꼭 그렇진 않아요. 제가 주변 사람들의 삶에 어떤 식으로든 기여했다고 말해주기를 바라니까요. 그리고 제 앞에 펼쳐진 경력의 중요성도 보았어요. 하지만 제 안의 한 부분은 101살이 되기 전에 제 몸과 평화로워지고 싶어 해요. 바디이미지 문제를 애정을 담아 해결하고 싶어요.

에이미: 바디이미지 문제에 애정이 담긴 해결책을 찾는다면 어떻게 될까요?

킴: 보통 사람들처럼 먹었으면 좋겠고 폭식을 그만두고 음식과 평화로웠으면 해요.

에이미: 그렇게 할 수 있다면 어떤 일이 일어날 거라 상상하세요?

킴: 내 몸이 건강하게 반응할 거라 상상해요. 몸이 알아서 저절로 살이 빠질 거라고 상상해요.

에이미: '내 몸과 평화롭고 싶고 바디이미지 이슈에 애정 어린 해결책을 찾고 싶다'고 말하는 건 '내 인생의 목표는 25킬로그램 감량하는 거다'라고 말하는 거랑 많이 다르네요.

킴: 솔직히 제가 몸무게와 몸매 때문에 씨름한 것도 사람들이 어느 정도 알아줬으면 해요. 내면에서 저를 괴롭히는 괴물을 정면으로 마주해서 씨름했고, 해결책을 찾은 것으로 기억되고 싶어요. 그게 내가 말랐다는 뜻이든 아니든, 제가 그것과 평화롭게 지냈다고 알려지고 싶어요.

에이미: 당신이 하는 말은 체중과는 전혀 상관이 없어요. 내면의 평화에 관한 것이죠.

킴: 제게 평화를 가져다주는 거라면 뭐든 하고 싶어요.

자신의 실제 목표를 명확히 하자 킴은 자신의 참나와 몸이 평화를 이루는 것과 살 빼기를 혼동했음을 깨달았다. 내면의 괴물과 맞서는 힘은 내면의 지혜가 있는 곳에서 나와야 한다. 그녀는 또 내면의 괴물을 해소하면 자연스럽게 몸무게가 건강해질 것임을 받아들였다.

섭식장애에 대한 회환으로 힘들어한 가브리엘라와 동일시하는 사람도 있을 것이다.

가브리엘라: 섭식장애를 다루느라 내 인생을 너무 많이 허비했어요! 그 세월을 결코 되돌려받지 못할 거라고요. 너무 낭비야 정말!

에이미: 깊이 숨을 들이마시고 현자의 호기심과 연민 안으로 들어가세요. 그런 다음 회한을 가진 부분에게 무슨 말을 하려는

건지 물어보세요.

가브리엘라: (잠시 조용히 있다가) 이 부분은 내가 내 삶을 살기를 원해요. 더 이상 시간 낭비를 안 했으면 해요. 오늘 끝내기를, 회복되기를 원해요.

에이미: 아, 오늘 당장 회복될 수 있다면 정말 좋겠죠. 깊이 숨을 쉬세요. 현자가 이에 대해 무슨 말을 하고 싶은지 잘 들어보세요.

가브리엘라: (눈을 감고 깊이 숨을 들이쉰다. 잠시 후, 얼굴의 긴장이 풀리고 그녀는 더 차분해 보인다.) 현자는 절 보고 미소 지을 뿐이에요. 현자는 우리가 겪어온 일을 나쁘게 느끼지 않아요. 그녀는 저를 자랑스러워하는 것처럼 보여요.

에이미: 뭘 자랑스러워하는지 현자에게 물어보세요.

가브리엘라: 내가 참나를 다시 찾은 거요. 참나를 되찾기 위해 지옥을 거쳐야 했다고요. 너무 오랜 세월 그냥 존재만 했어요. 다른 사람들이 내게 원하는 걸 그냥 했죠. 하지만 이제 나를 위해 살 수 있어요. 이제 내가 나를 되찾았으니 내 인생이 진정한 의미를 갖도록 할 수 있어요.

나는 섭식장애를 삶에 대한 중요한 교훈을 배우거나 통찰을 얻기 위한 여정으로 본다. 물론 이 여정의 한가운데 있을 때는 이런 목적을 알기 어렵다. 이런 중요한 교훈을 배우고 삶에 적용한다면 이 여정에 소요된 세월은 낭비가 아니다.

삶을 계속하기

미셸에게는 섭식장애를 보는 시각을 바꾸고 삶의 의미를 재발견하는 데 도움이 된 '아하!' 순간이 있었다. 그녀는 외래환자 집중치료 프로그램에 참여했고 직원과 다른 구성원들과 아주 편하게 지냈다. 이 모임을 떠나는 건 결코 상상할 수 없었다.

프로그램 참석자들은 실전 경험을 통해 배우기 위해 매주 현장 학습을 나갔다. 어느 주에 서커스를 보러 갔는데, 쇼가 시작되기 전 사회자는 공연 단체를 소개했다. "자, 걸스카웃 465부대를 환영해주세요! 파크뷰 몬테소리 유치원, 환영합니다!" 박수! 미셸은 겁이 나기 시작했다. 그녀의 한 부분은 사회자가 "X 병원의 섭식장애 프로그램, 환영합니다!"라고 할까 봐 두려웠다.(당연히 그런 일은 일어나지 않았다.)

그 순간 그녀는 깨달았다. "한낮에 서커스 공연장에 앉아서 나 지금 뭐 하고 있지? 내 인생을 살아야 해!" 그녀는 더 이상 자신을 섭식장애를 가진 사람으로 정체화하고 싶지 않다는 걸 깨달았다.

그 주에 있었던 상담에서 그녀는 내게 "나는 더이상 삐쩍 마른 거식증 소녀로 살고 싶지 않아요! 제가 어떤 사람인지 잘 모르고, 그래서 이걸 놓는 게 두려워요. 하지만 이제 앞으로 나아가야 할 때라는 걸 알아요. 섭식장애를 떨쳐버리고 자신을 다시 찾기 위해 해야 할 일이라면 뭐든 하고 싶어요"라고 말했다.

회복의 영적인 면 발견하기

이 연습이 회복의 영적인 면과 (그게 당신에게 어떤 의미이든) 접촉하도록 도와준다는 걸 알 수 있을 것이다. 내면의 공허함이 채워지면서 당신은 자연과, 우주 에너지와, 신 또는 고차원의 힘, 또는 인생의 더 큰 그림과 다시 연결될 수 있다.

폭식―섭식장애 때문에 치료를 받았던 재키는 자신의 몸과 섭식장애를 보는 관점이 극적으로 바뀌는 심오한 경험을 했다. 그녀는 어머니와 함께 스페인의 순례길을 걷고 있었다. 재키는 배낭을 메고 걸으며 뙤약볕과 비, 험준한 지형과 고난을 견디며 자신의 마음과 몸이 할 수 있는 일에 경이로움을 느꼈다. 언어가 유창하지 않아서 매일 밤 먹을 것과 잠잘 곳을 찾기 위해 창의력과 지능을 총동원했다.

재키와 그녀의 어머니는 끔찍한 일을 경험했다.

우리는 시골 지역을 걷다가 개 떼와 마주쳤어요. 지팡이로 막아내야 했어요! 대피소를 만날 때까지 목숨을 걸고 달렸어요. 목숨을 걸고 달리면 허벅지가 출렁거리는 건 아무 문제가 안 돼요. 개들을 피해 도망칠 수 있게 뛰어준 허벅지가 고마울 뿐이에요!

이제 무언가 제대로 되지 않아서 속이 상하면, '넌 지금 들개 떼의 공격을 받고 있는 게 아니야. 넌 이 문제를 다룰 수 있어!'라고 자신에게 말해요. 그럼 상황을 전체적으로 조망할 수 있게 되죠. 이제 예전처럼 일 때문에 마음 상하지 않아요. 예전에 비해 훨씬 더 차분해요.

매일매일 자신에게 중요한 것들을 마음챙김하면서 충만하게 살라고 권하고 싶다. 이 장에 나온 질문에 답한 내용을 보라. 매일 어떻게 하면 당신의 가치에 맞는 삶을 살 수 있을까? 길게 봤을 때 당신에게 정말로 중요한 것을 마음챙김하기 위해 무엇을 할 수 있을까? 목표를 달성하는 데 도움이 되지 않아 바꿔야 하는 생각이나 행동은 무엇인가? 당신의 참나와 삶에 대해 무엇을 배우고 있는가?

다음 장에서는 일상 속에서 적용할 수 있도록 지금까지 배운 것을 한데 모아볼 것이다.

회복을 돕는 질문들

아래 질문들을 혼자 조용히 숙고할 수 있는 시간을 갖는다. 스스로에 대해 배운 것을 기록할 수도 있다. 당신의 답을 치료사와 공유할 것을 권한다.

1. 이 장을 읽는 동안 당신에게 불쑥 나타난 부분들을 알아차렸는가? 어떻게 당신은 그 부분들에게 옆으로 물러나 당신이 참나 에너지 상태로 돌아가도록 요청할 수 있었나?

2. 불쑥 나타난 부분들이 당신에게 무슨 말을 하고 싶어 했나? 그들은 당신 내면의 현자에게서 무엇을 원하나?

3. 3가지 질문에 대한 답을 여기에 적으라.

   a

   b

   c

4. 당신이 가장 가치 있게 생각하는 것을 생각해보라. 그 가치를 매일 자신에게 상기시키기 위해 당신이 할 수 있는 것은 무엇인가? 어떻게 하면 그 가치와 일치되는 삶을 살

수 있는가.

5. 삶이 의미 있다고 느끼기 위해 당신의 시간, 에너지, 돈, 지능을 어떻게 쓰고 싶은가.

참고자료

D'Urso-Fischer, Elisa (1999) *Beware of New Year's Resolutions: Empowering Yourself to Change*. The Awakening Center: http://www.awakeningcenter. net/1999.html

9

나에게 맞는 회복의 길

이제 마지막 장이다. 지금까지 섭식장애가 음식이나 섭식, 몸무게, 몸에 관한 문제가 아니라는 점을 배웠다. 섭식장애의 증상과 행동은 당신의 참나가 희생된 후 당신이 감정, 생각, 몸 감각을 다루기 위해 학습한 대처 기제이다.

당신의 참나가 왜 희생되었는지 이제 알아가기 시작했을 것이다. 과거의 어떤 상황, 사건, 문제, 관계가 당신을 참나로 존재할 수 없게 만들었을까? 당신이 회복 질문에 답을 하고 연습을 해왔다면 이미 참나, 즉 당신 안의 현자에 대한 감각을 좀 더 확실하게 느끼기 시작했을 것이다.

게다가 당신은 섭식장애는 단지 한 부분의 문제가 아님을 배웠다. 오히려 다양한 섭식장애 행동, 감정, 생각, 신념은 모든 부분과 부분들의 관계에서 오는 것이다.

당신은 이제 일상의 다양한 상황에 반응하는 부분들과 그들의 반응을 자각하게 되었을 것이다. 어쩌면 부분이 반응할 때 당신은 호흡을 통해 현자 상태로 들어가고 있을지도 모르겠다. 그리고 부분들이 촉발되었을 때 그들이 현자에게서 무엇을 원하는지도 더 잘 자각하게 되었을 것이다.

마지막으로, 인생의 더 큰 그림도 살펴보았다. 뒤로 한걸음 물러나 당신에게 진정으로 의미 있고 가치 있는 것이 무엇인지 다시 살펴보았고 음식, 섭식, 몸무게, 몸매나 겉모양이 아님을 배웠다.

당신은 궁금할 것이다. "지금까지 배운 것을 내 삶에 어떻게 적용하지?"

음식 문제는 그저 부분일 뿐

이 책을 통해 당신은 자신을 여러 부분으로 바라보는 데 익숙해졌을 것이다. 하지만 흔히 음식, 섭식, 몸무게, 몸에 대한 감정, 생각, 판단, 신념은 부분들과는 아무 상관 없이 다른 데서 생긴다고 생각한다.

당신이 음식 가까이에 있을 때 당신의 부분들은 다르게 생각하고 느끼고 행동하기도 한다. 그로 인해 더 혼란스러울 수 있다. 그런 감정, 생각, 판단, 신념들은 당신의 부분들이 원하는 것에 대해 당신과 소통하기 위해 배운 방법일 뿐이다. 예를 들어, 당신이 경직된 생각을 내려놓고 몸과 몸이 보내는 신호를 신뢰하기 두려워한다면, 이는 아마도 두려움에 찬 추방자일 것이다. 먹는 것을 판단하거나 비난한다면 의심할 바 없이 위협자다. 좌절감을 느끼며, "엿 먹으라 그래! 난 그냥 먹을 거야(굶을 거야)"라고 한다면 그건 말썽꾼이다. 미래를 계획하면서 참나와 몸을 돌보는 데 필요한 걸 챙기는 데 저항한다면 어떤 부분이 나서는 것이다. 자신의 몸에 결함이 있어서 '정상적인 사람'처럼 먹을 수 없다고 말한다면, 글쎄, 그것도 한 부분이 반응하는 것이다.

내면의 현자에게 접속하기

섭식장애를 다루는 방법은 이 책 전반에 걸쳐 배운 교훈으로 요약할 수 있다. 첫걸음은 내면의 현자와 접속하는 것이다. 우리는 의식적으로 그리고 일관되게 중학교 밴드실에 선생님이 자리 잡고 있도록 해야 한다. 그러면 부분들이 모두 차분해져 협력하며 조화롭게 일할 수 있다.

어떻게 선생님을 밴드실에 있게 할 수 있을까? 어떻게 하면 의식적이고 일관되게 참나로서, 당신의 현자로서 삶을 살 수 있을까? 첫째, 삶의 속도를 늦추고 내면의 현자에 접속할 수 있도록 매일 행하는 의식을 개발하라고 권한다. 차분한 상태에서 의식을 행한다면, 부분이 촉발될 때 자엽스럽게 이를 이용할 수 있을 것이다.

4장에 나온 엘레스의 아침 의식처럼 차분하게 해주는 심호흡 몇 번으로 시작할 수 있다. 여기에 위안이 되는 문구, 시, 만트라, 기도를 결합할 수 있다. 애정 어린 내면의 현자를 그려보면 이 경험을 더 깊게 할 수 있다. 물체나 색깔과 연결하면 하루 종일 실천할 수 있다.

지금 바로 당신의 상태를 확인해본다. 참나의 특성을 찾을 수 있는지 보자. 예를 들어, 심호흡으로 고요함을 느낄 수 있다. 가슴속의 애정 어린 연민에 집중해본다. 부분들이 오늘은 어떤 이야기를 들려줄지 호기심을 갖도록 해본다. 한걸음 물러서서 자신의 상황을 객관적으로 본다. (비판이나 비난에 유의한다. 그건 위협자다!)

부분들 알아차리기

떠오르는 감정, 생각, 감각을 그저 부분들이 할 말이 있거나 도움을 요청하는 것으로 생각하는 데 익숙해질 필요가 있다. 시간이 가면서 그 순간 느끼는 감정이나 생각을 자각할 수 있을 만큼 속도를 늦추는 데 능숙해질 것이다. 어떤 감정이나 생각, 반응이 있을 땐 언제나 멈춰서 도움이 필요한 부분을 찾는다. 차분하게, 내면의 현자에게서 오는 호기심과 애정 어린 연민으로 그 부분에 집중하고 묻는다. "이건 어떤 부분이지? 이 부분이 내게 무슨 말을 하고 싶어하지? 이 부분이 나를 위해 하려는 건 뭘까? 이 부분이 내면의 현자에게 필요로 하는 건 뭘까?"

참나 상태에서 부분의 말에 귀 기울이다 보면 부분이 가진 긍정적인 의도에 저절로 감사함을 느끼게 된다. 그 부분이 당신에게 필요로 하는 게 뭔지 직관적으로 알게 된다. 그것은 음식이나 섭식, 몸무게, 몸매에 관한 게 아님을 알게 될 것이다.

부분들이 차분해질 때 다른 부분들이 촉발되게 하지 않고 한 부분에 집중하기가 쉽다. 어느 부분이 물러서지 못한다면 내면의 현자는 그 부분 또한 당신의 애정 어린 관심을 필요로 한다는 걸 알 것이고, 첫 번째 부분에게 물었던 것과 같은 질문을 이 부분에게도 해야 한다.

"이건 음식 문제가 아냐"

음식, 섭식, 몸무게, 몸매에 관한 것으로 시작했지만 궁극적으로 내면 깊은 곳에서 무슨 일이 일어나고 있는지를 드러낸 예를 살펴보자. 다시 한번 베타니의 이야기로 돌아가자. 회기를 시작할 때 그녀의 배가 크게 꾸르륵거렸다.

베타니: 죄송해요. 오기 전에 뭘 좀 먹었어야 했는데, 먹을 수가 없었어요.

에이미: 무슨 일이 있었나요?

베타니: 배가 고플 때 뭘 먹어야 하는 건 알지만, 가끔 먹을 자격이 없는 것 같아요.

에이미: 숨을 한 번 들이쉬세요. 내면으로 가서 먹을 자격이 없다고 느끼는 부분을 찾아보세요. 그 부분을 어떻게 경험하는지에 집중하세요.

베타니: 어린 소녀예요. 먹고 싶어 하지 않아요. 먹고 싶어 하면 안 된다고 말하는 부분이 있기 때문이죠. 배가 고파서도 안 된다, 밥을 먹을 필요조차 없다, 먹을 자격이 없다고 말해요.

에이미: 심호흡을 하고 내면의 현자로 돌아가 어린 소녀를 바라보세요. 아이에 대해 혹은 아이를 향해 어떤 느낌이세요?

베타니: (심호흡을 하고 눈을 감는다.) 아이를 돌봐주고 싶어요. 보호해주고 싶고요. 아이가 자주 상처를 입어서 화가 나요.

에이미: 자주 상처를 받는 어린 소녀에게 화가 나는 건가요, 아니면 아이를 아프게 하는 다른 사람들에게 화가 나는 건가요?

베타니: 아뇨, 아뇨! 아이한테가 아니에요. 다른 부분들요.

에이미: 화가 난 이에게 옆으로 물러서 달라고 요청하세요. 화가 난 이는 보디가드처럼 물러서 있어도 돼요.

베타니: (잠시 눈을 감았다가 고개를 끄덕인다.)

에이미: 주의를 다시 어린 소녀에게 집중하고, 그녀가 자격이 없다고 여기는 것이 더 있는지 물어보세요.

베타니: 자기는 뭘 필요로 하거나 원하면 안 된다고 느껴요. 다른 사람에게 뭘 요구하거나 짐이 되면 안 된대요. 관심이나 애정이나 사랑을 받을 자격이 없다고 느껴요. 도와달라고 아무에게도 부탁하면 안 된대요.

에이미: 그런 말을 할 때 아이가 어떻게 느끼나요?

베타니: 압도되고 많이 두려워해요. 소녀는 해낼 수 없을 것 같다고 여기면서도 자기가 해야만 한대요. 본인이 할 수 없는 일인데도 도움을 청할 수도 없어요. 다른 사람들이 실망할까 두렵기 때문이래요.

에이미: 아이를 돌봐주고 보호해주고 싶었던 그 느낌으로 돌아가 보세요.

베타니: (숨을 들이쉬고 눈을 감고 침묵하며 앉아 있다가, 한참 후 얼굴표정이 평화로워진다.) 아이에게 모든 걸 혼자 해결하지 않아도 된다고 말했어요. 제가 도울 수 있다고요. 다른 부분들도, 심지어 보디가드도 그녀를 돕고 싶어 한다고요. 도움을 요청해도 괜찮다고 말해줬어요. 누구나 도움이 필요한 때가 있으니까요.

에이미: 아이가 그 말을 어떻게 받아들여요? 반응이 어때요?

베타니: 확실하냐고 제게 물어요. (베타니가 어린 소녀에게 말한다.) 물론이지. 널 사랑해. 그리고 완벽해야 사랑받을 수 있는 건 아냐.

에이미: 아이에게 음식을 주는 건 어떻게 하고 싶어요?

베타니: 글쎄요. 얘는 정말 배가 고파요. 가방에 영양바가 있는

데, 지금 그걸 먹어도 괜찮겠어요?

에이미: 네, 당연하죠. 어린 소녀에게 배고픈 건 정상이고 몸이 그렇게 알려줄 때 먹어야 한다고 알려줘야겠어요. 먹는 동안 어린 소녀가 어떻게 느끼고 반응하는지 알아차려 보세요.

베타니: (한 입 베어 눈을 감고 씹는다.) 보살핌을 받는다고 느껴요. 사랑받는다고 느껴요.

에이미: 배가 고픈데도 먹기가 주저된다면 어린 부분이 어떤 욕구도 가지면 안 된다고 생각하기 때문이란 걸 기억하세요. 이 느낌을 인식하는 순간, 현자 상태로 호흡해 들어가 어린 소녀에게 보살핌을 받을 자격이 있다고 말해주세요. 그리고 애정 어린 현자 상태에서 아이에게 먹을 걸 주세요.

"몸무게 문제가 아냐"

또 다른 예를 보자. 이 사례는 몸무게 문제로 시작했지만 결국 활성화된 부분들을 드러냈다. 힐러리는 회복과정 중 토하는 게 더는 선택지가 아니라는 결정을 내리는 시점에 있었다. 하지만 그녀는 몸무게가 늘지 모른다는 두려움에 반복해서 몸무게를 쟀다. 상담 중에 그녀는 늘 커다란 베개를 가져와 무릎 위에 두곤 했다. 몸이 보이지 않도록 가리려는 것처럼.

에이미: 몸무게가 느는 걸 걱정하는 부분과 접촉해보세요. 그 느낌을 몸 안에서 찾아보세요. 그 부분이 당신에게 뭘 알려주려 하나요?

힐러리: (눈을 감고 소파에 몸을 묻는다.) 뭔가를 원해도 된다고 허용하면 통제를 못할 거예요. 또 먹게 될 거고 살이 찔 거예요. 먹으면 뚱뚱해지겠죠. 그럼 또 토하고 싶어 미칠 거예요!

에이미: 좋아요, 그게 사실이라고 하고 따라가보죠. 당신이 토하지 않고 살이 찌면, 그 부분은 내가 뭘 알았으면 하는 거죠?

힐러리: 모두가 보게 될 거예요.

에이미: 모두가 보게 되면 어떤 일이 일어날 거라고 그 부분은 생각하나요?

힐러리: 모두가 알게 될 거예요…. (목소리가 잦아든다.)

에이미: (부드럽게) 뭘요? 사람들이 뭘 알게 되나요?

힐러리: (아주 작은 목소리로) 내가 아무것도 아니란 걸요. 내가 아주 부족한 사람이란 걸요. 마음 깊이 내가 무가치하단 걸 알게 될 거예요.

토하지 않는 지금, 살이 찌는 것에 대한 힐러리의 극심한 두려움은 몸무게에 관한 것이 아니다. 그보다는 어린 부분이 가진 핵심 신념을 반영한다. 어린 부분이 자신은 무가치하게 태어났다고 믿는 한 힐러리는 언제나 살이 찌는 걸 두려워할 것이다. 왜냐하면 '뚱뚱함'은 그녀의 가장 수치스러운 부분을 모든 사람에게 노출하는 것이기 때문이다. 힐러리가 어린 부분의 핵심 신념을 치유하도록 돕지 않는 한, 그녀는 계속해서 토할 것이고 섭식장애가 그녀의 삶을 지배할 것이다.

에이미: 숨을 깊이 들이마시고 무가치하게 느끼는 그 부분을 당신 앞에 세워보세요. 다시 한번 심호흡을 하고 애정 어린 현자 상태로 들어가세요.

힐러리: (눈을 감고 몇 번 심호흡을 한다.) 저는 지금 어린 소녀로 있어요. 아이는 혼자 앉아있어요.

에이미: 어린 소녀에게 어떤 느낌이 드세요?

힐러리: 두 팔로 아이를 들어 올려 아이를 기분 좋게 해주고 싶어요.

에이미: 그렇게 해도 아이가 괜찮을까요? 당신이 그렇게 하길 아이가 원하나요?

힐러리: 네, 그런데 아이는 제가 자길 좋아하지 않을까 봐 걱정해요. 자기가 너무 원하는 게 많고 지나친 게 아닌가 하고요.

에이미: 그에 대해서 당신은 어떻게 느껴요? 당신은 아이가 원하는 게 너무 많고, 너무 과하다고 느끼나요?

힐러리: 아뇨! 아이는 있는 그대로 좋아요.

에이미: 당신은 아이가 무가치하다고 느끼나요? 아이가 부족하다고요?

힐러리: (베개를 안고 아이의 등인 양 쓰다듬는다. 어린 소녀에게 말을 한다.) 아니야. 아니야. 넌 부족하지 않아. 넌 정말 소중해.

에이미: 아이가 어떻게 반응하나요?

힐러리: 아이가 조금 편안해졌어요. 계속 "정말요?"라고 물어요.

에이미: 음, 아이에게 뭐라고 해주고 싶으세요?

힐러리: 그럼, 정말로! 넌 이미 충분해. 사랑해.

살이 찔까 봐 불안감에 휩싸일 때면 힐러리는 어린 소녀에게 안심이 필요하다는 신호로 인식하게 되었다. 힐러리는 심호흡을 몇 번 하고 어린 소녀를 떠올리며, "넌 충분해. 넌 가치 있는 사람이야. 넌 사랑스러워. 사랑해"라고 되풀이해 말했다.

시간이 지나면서 힐러리는 두려움의 강도와 빈도가 희미해진 것을 알아차렸다. 자신의 몸을 점점 더 편하게 느끼게 되었다. 몸이 보내는 배고픔, 목마름, 배부름, 휴식, 움직임의 신호에 힐러리가 귀를 기울이자 그녀의 몸은 자연스러운 몸무게로 돌아가기 시작했다. 예전에 힐러리는 자신의 자연스러운 몸을 '거대하다'고 느꼈는데, 이제는 충분하고 가치 있고 사랑스럽다고 느낀다.

"먹는 문제가 아니야"

마지막으로 케일라 이야기. 당신은 케일라 안에서 이 세 부분이 모두 활동하는 것을 알아차리게 될 것이다. 케일라는 원래 강박적 과식 때문에 도움이 필요해서 치료를 받으러 온 대학생이다. 그녀는 자신의 부분들을 이해하며 많은 진전을 보이고 있었다. 그러다 겨울 방학이 되어 집으로 갔다.

그녀가 집에 들어서자 아버지는 깜짝 놀랐다. 아버지는 케일라를 한쪽으로 데려가더니 건강이 걱정된다며 다이어트를 하고 체육관 회원권을 갱신하자고 제안했다. 케일라는 다시 통제가 안 될 정도로 폭식을 하기 시작했다.

케일라: 통제가 안 돼요. 제 몸은 뭔가 잘못됐어요. 전 보통 사람

들처럼 먹을 수가 없어요. 전 실패자예요. 절대 살을 못 뺄 거예요. 저 좀 보세요, 거구잖아요! 이런 사람을 누가 고용하겠어요? 누가 저랑 사귀겠어요?

에이미: 당신의 부분들이 상당히 활발하게 움직이네요. 현자에게 개입해달라고 요청해야 될 것 같아요. 심호흡을 몇 번 하고 현자를 찾을 수 있는지 보세요.

케일라: 지금 당장은 현자의 목소리를 듣기가 어려워요. '가혹한 목소리'가 너무 커요.

에이미: 자기 목소리를 들어준다고 느끼면 차분해질지 몰라요. 그 가혹한 목소리에게 지금 당신을 위해 뭘 하려고 하는지 물어봐요.

케일라: (가혹한 목소리'로서 말한다.) 난 케일라가 살을 빼서 앞서 나갔으면 해. 데이트도 하고 직장을 구해서 원하는 것을 전부 가졌으면 좋겠어!

에이미: 그게 케일라에게 어떤 도움이 될까요?

케일라: (목소리가 부드러워진다.) 글쎄, 케일라의 삶이 낭비되지 않고 의미 있을 거예요.

에이미: 그게 케일라에게 어떤 도움이 될까요?

케일라: (부드러운 목소리로) 자신을 좋아하고 평화로울 거예요.

에이미: 케일라, 이 말 들었어요? 당신도 그걸 원하나요?

케일라: 네, 원해요.

에이미: 그럼 '가혹한 목소리'에게 당신도 그걸 원한다고 알려주세요. 가혹한 목소리가 당신을 위해 하려는 게 뭔지 이해할 수

있어요?

케일라: 네, 하지만 그 때문에 나는 패배자란 느낌이 들어요. 맞아, 난 절대 내가 원하는 걸 얻지 못할 거야. 근데 뭐 하러 신경 써?

에이미: 패배자라 느끼고 '뭐 하러 신경 써?'라고 생각할 때 어떤 일이 일어나나요?

케일라: (화가 난 목소리로) 막 먹고 싶어져. 적어도 음식은 즐거움을 주니까. 기분이 더 좋아져요. 그리고 음식은 절 판단하지 않죠.

에이미: 케일라, 다른 부분이 막 끼어들었어요. 화가 난 것 같은데, 이 화난 부분은 당신에게 뭘 알려주려는 거죠?

케일라: 엿 먹으라 그래! 내가 뭘 해도 어차피 다 부족하잖아. 난 큰 골칫거리야. 눈에 다 보여. 아무 지적을 하지 않을 때도.

에이미: 누구 눈이요? 누가 지적을 하죠?

케일라: 우리 아빠요. 나를 좋은 학생이라고 한 적이 없어요. 제가 이룬 성취를 자랑스러워 하지도 않아요. 제 몸무게에 대해서만 지적을 하고 체육관에나 가라고 하죠.

에이미: 그럼 화난 부분이 당신을 위해 뭘 하려는 건지 물어보세요.

케일라: 내가 아빠한테 보여줄 거야! 나한테 상처줄 수 없어! 난 더 큰 골칫거리가 될 거야.

에이미: 제가 듣기에 이 부분은 당신이 어떤 느낌인지 말 대신 음식으로 이야기하네요. 당신이 음식 대신 말로 한다면, 아빠에게 무슨 말을 하고 싶어요?

케일라: 나 정말 화났어! 아빤 진짜 나를 보질 않아! 내 겉모습만

보지. 날 제대로 알지도 못해. 난 몸무게보다 훨씬 더 큰 존재라고.

에이미: 실제로 아빠에게 그 말을 한다면, 당신에게 어떤 도움이 될까요?

케일라: 누군가가 내 편이 되어주는 느낌일 거예요. 누군가 내 속이 얼마나 안 좋은지 알아주는 거죠.

에이미: 제가 보기엔 다른 부분으로, 내면에서 슬퍼하는 부분으로 바뀐 것 같아요. 그 부분에 집중해보세요. 누구인가요?

케일라: 자기 속마음을 얘기하면 안 된다고 느끼는 어린 소녀예요. 얘는 중요하지 않아요. 얘는 아빠가 왜 자길 무시하는지 모르겠대요.

에이미: 당신한테는 아이가 중요한가요? 아이의 말을 들어주고 싶어요?

케일라: 당연히 아이 말이 듣고 싶죠! 어린 소녀라고 중요하지 않은 건 아니잖아요. 아빤 진짜 남성우월주의자라니까요! 아이에게 말해주고 싶어요. 아빠가 틀렸다고!

에이미: 아이가 어떻게 반응하나요?

케일라: 제가 자기를 위해 말해주니까 든든하대요. 내가 자기를 위해 말해주니까 자기가 더 중요하게 느껴진대요.

에이미: 케일라, 지금 어떠세요? 오늘 폭식할 것 같은 기분인가요?

케일라: 지금 아주 강한 느낌이에요. 내 모든 부분이 다시 힘을 합친 것 같아요.

케일라는 세 부분 모두 자신에게 무언가를 얘기하려 한다는 걸 자각하게 되었다. 가혹한 목소리(극단적인 위협자의 역할로 돌아간 멘토)는 케일라가 건강하기를, 삶에서 원하는 걸 모두 갖기를 원한다. 하지만 이 부분의 가혹함은 자신이 부족하고 중요하지 않고 사랑스럽지 않다고 느끼는 추방자를 건드린다. 화가 난 말썽꾼은 음식으로 가혹한 목소리에 반항하고 추방자를 달랜다.

폭식을 하고픈 충동이 올라올 때마다 케일라는 호흡을 하며 애정 어린 내면의 현자 상태로 들어갔다. 그렇게 하면 중학교 밴드부에 선생님이 돌아오는 것처럼 그녀의 부분들은 순식간에 조용해지고 차분해졌다. 연민 어린 마음으로 그녀는 부분들 하나하나에 귀를 기울여 그들이 하고픈 말을 '듣고' 그들이 뭘 필요로 하는지 물었다. 결국 폭식하려는 충동은 점점 줄어들었고 가라앉히기도 점점 쉬워졌다.

치료 중 나는 그녀에게 "가족이 회복에 도움이 안 될 수도 있어요"라고 경고했다. 케일라는 아빠에게 하고 싶은 말을 하기 위해 적극적으로 자기 주장하는 연습을 했다. 그래야 음식에 의존하지 않는다. 그녀는 아빠를 만나러 갈 때 어떻게 대응할지 세심하게 계획했다. 아빠가 비판하는 패턴으로 들어갈 때 내면의 어린 소녀를 어떻게 보호할지 준비를 했다.

음식 문제야

나는 섭식장애가 음식이나 섭식, 몸무게, 몸에 관한 문제가 아니라고 여러 번 말했다. 이제 내 말을 뒤집을 것이다. 회복에는 음식, 섭식, 몸무게, 몸에 관한 면이 있다.

회복의 한 면은 정상적으로 자연스럽게 그리고 직관적으로 먹는 방법을 다시 배우는 것이다. 섭식장애를 갖기 전 '정상적인 식사'가 어땠는지 기억하는 사람도 있을 것이다. 반대로 너무 오래돼서 정상적으로 먹는다는 게 뭔지 기억이 안 날 수도 있다.

회복의 또 다른 면은 배고플 때, 배부를 때, 목마를 때, 쉬고 싶을 때, 움직이고 싶을 때를 다시 배워야 한다는 점이다. 태어났을 때 당신은 언제 배가 고프고 언제 충분히 먹었는지를 알았다. 하지만 당신이 참나를 희생하고 자신의 감정과 단절되면서 몸의 신호를 느끼지 못하거나 무시하게 되었다.

당신이 참나에 중심을 둘수록 몸을 더 신뢰하게 된다. 내면의 현자와 접촉해 있을 때 당신은 자연스럽게 몸의 신호에 귀를 기울이고 몸이 필요로 하는 것을 주게 된다. 몸은 폭식하거나 굶는 걸 원치 않는다는 것을 알게 될 것이다. 몸은 자연스럽게 움직이고 또 쉬기를 원한다. 그리고 당신은 당신에게, 당신의 몸에 맞는 균형을 찾을 것이다.

회복의 다섯 가지 다시 배우기

당신이 다시 배워야 하는 다섯 가지 사항이 있다. 다 익숙하게 들릴 것이다. 당신은 이미 다양한 방식으로 음식, 섭식, 몸무게를 '고치려고' 시도했을 것이다. 1장에서 말했듯이 고칠 수 없는 문제들이다. 하지만 이제 참나와 부분들과 평화롭게 지내기 때문에 섭식과 음식과 몸무게의 균형을 잡을 수 있다.

각 사항을 읽을 때마다 안에서 무슨 일이 일어나는지 알아차리도록 한다. 떠오르는 생각이나 감정, 감각이 내면 현자의 애정 어린 관심이 필요한 부분임을 상기하도록 한다. 당신은 부분들을 진정시키는 법을 이미 안다. 고요함, 연민, 호기심 안으로 호흡해 들어간다. 부분들이 당신에게 알려주고 싶은 말이 무엇인지 또 당신에게서 원하는 게 무엇인지 물어본다.

이 과정은 음식과 섭식, 몸무게에 변화를 가져온다는 의미이다. 이런 변화는 아마 많은 생각과 감정과 감각을 일렁이게 할 것이다. 섭식장애 치료 경험이 있는 치료사와 영양사를 찾아 지지와 격려를 받기를 강력히 추천한다. 그분들에게 이 책을 소개해서 어떻게 하면 당신이 참나 상태에 머무르고 부분들을 진정시키도록 도움을 줄 수 있는지 이해시키면 좋겠다.

치료팀에 의사도 포함하기를 강력히 추천한다. 회복 과정에서 소화기 장애를 겪는 일이 아주 흔하다. 마치 몸이 음식을 소화시키는 법을 다시 배우는 것 같다. 하루에도 여러 차례 설사약을 남용하거나 토했다면 특히 더 그렇다. 의사는 설사약을 서서히 끊도록 돕고 여러 증상을 견디기 쉽도록 치료법을 제안할 것이다. 고통스런 회복기에 인내심을 갖고 "이 또한 지나가리라"라고 스스로에게 상기시킨다. 당신의 몸은 결국 정상으로 돌아올 것이다.

1. 배고플 때 먹는다

간단하게 들리지만 실제로는 꽤 복잡하다. 당신이 몸에 주의를 기울이고 귀를 기울일 수 있을 만큼 삶의 속도를 늦춰 몸이 보내는 배고프다는 신호를 인식할 수 있다는 의미이기 때문이다. 이 신호는 사람마다, 몸마다 다르다. 상황에 따라서, 특정한 날이나 달 또는 계절에 따라서도 달라진다.

또한 음식을 먹어야 한다는 몸의 욕구를 수용한다는 것이기도 하다. 아무리 원해도, 혹은 아무리 노력해도, 영양분을 원하는 몸의 욕구를 초월할 수 없다. 당신은 허기를 느끼고 영양분을 원하는 몸의 욕구를 인정하고 몸이 배고프다고 할 때마다 편하게 먹어야 한다. 규칙적으로 먹으면 폭식이 줄어들 것이다. 몸이 더 이상 굶주리지 않기 때문이다. 규칙적으로 먹으면 위장병도 나을 것이다. 그렇게 몸의 균형을 되찾게 될 것이다.

2. 다양한 음식을 먹는다

당신이 몸에게 무엇을 먹고 싶은지 물어보고 그에 따라 음식을 선택할 수 있다는 의미이다. 또한 어떤 음식이든 먹을 수 있다는 의미이기도 하다. 모든 음식은 동등하고, '나쁜' 음식도 '좋은' 음식도 없다. 음식을 '합법화'하는 데 영양사의 도움을 받을 수 있다.

"나는 뭘 좋아하지?" 또는 "뭐가 좋아 보이지?"라고 물어보는 버릇이 있는 사람은 이 항목이 겁이 날 수도 있다. 혀나 눈에 물어보는 것은 뭐든 다 먹고 싶어 하는 어린 부분인 '혀 위의 아이'를 자극할 수 있기 때문이다.

하지만 몸에 물어보는 것은 내면의 현자에게 물어보는 것이지 혀나 눈에게 물어보는 것이 아니다. 현자의 대답은 차분하고 명확하며 연민이 담겨있다. 애정 어린 부모처럼 내면의 현자는 뭐든 다 준다고 몸이 좋아하지 않는다는 걸 안다. 내면의 현자는 당신의 몸이 영양가 있는 맛있는 음식을 원한다는 걸 안다. 동시에 현자는 혀 위의 아이가 이따금 재밌는 간식을 받을 자격이 있다는 것도 안다.

개인적으로 나는 매일 재밌고 즐겁게 지내야 한다고 믿는다. 따라서 매일 먹는 것도 재밌고 즐거워야 한다.

3. 배가 부르면 멈춘다

당신은 "배가 부를 때 멈춰!"라는 말을 수없이 들어왔다. 이미 시도해봤기 때문에 그게 아주 어렵다는 걸 안다. 배가 부를 때 멈추는 것은 '그냥 멈추는 것'과는 다르다. 아무 생각 없이 먹을 때 만족감을 거의 느끼지 못한다. 만족하지 못하기 때문에 더 많은 먹을거리를 찾는다.

만족이란 무엇인가? 몸이 원하고 필요로 하는 것에 맞는 음식을 먹는 것이고, 혀 위의 아이가 즐길 수 있도록 준비된 음식이다. '딱 그 맛'의 음식을 즐기며 음미할 때 만족스럽다.

마음챙김을 하며 먹을 때 만족감을 높일 수 있다. 먹는 속도를 늦출 때 배부르다는 몸의 신호를 들을 수 있다. 천천히 마음챙김하며 먹을 때 예전보다 적게 먹게 된다는 걸 알게 될 것이다.

주의할 점은, 천천히 마음챙김하며 먹는 것을 당신의 한 부분이 체중감량 전술로 바꿀 수 있다는 사실이다. 거의 30년 동안 사람들의 회복을 도운 나는 체중감량을 목표로 하는 것은 섭식장애에서 회복하는 것과 양립할 수 없다고 굳게 믿는다. 배고프다는 몸의 신호를 무시하거나 끼니를 거르고 먹는 음식의 종류나 양을 제한할 때마다 섭식장애는 더 깊어진다.

그런 일이 일어날 때면 호흡을 통해 내면의 현자 상태로 들어가 그 부분들을 정상 궤도로 돌릴 수 있도록 도와달라고 도움을 청한다. (당연히 당신의 치료사와 영양사에게도 도움을 청한다.)

4. 먹고 난 후엔 잊어버리고 삶을 산다

'평범한' 사람들은 너무 많이 먹었을 때도 무엇을 먹었는지 생각하지 않는다. 배를 만지며 "아, 너무 많이 먹었어!"라고 투덜거릴 수는 있다. 그런 상태에서 컴퓨터를 하고 친구를 부른다. 아무렇지도 않게 일상을 살아간다.

어떻게 그럴 수 있을까? 그들에게는 '몸 신뢰'라는 것이 있다. 그들은 자신의 몸을 알고, 뭘 먹든 몸이 소화하고 다시 배가 고파질 거라 신뢰한다. 과식을 했다면 소화가 되는 데 시간이 더 걸린다는 것을 알고 있다. 다시 배고파지기를 기다리는 동안 이에 대해서 생각하지 않고 자책하지 않는다.

몸 신뢰를 배우려면 배부름을 경험하고 견디고 몸이 자연스럽게 배고픈 상태로 돌아가도록 허용해야 한다. 이는 토하지 않기로 다짐한다는 의미이다. 토할 수 있다고 생각하면 "어차피 토할 거니까 원하는 건 뭐든 계속 먹어도 괜찮아"라고 자신에게 말한다. 하지만 토하는 게 선택사항이 아니라고 다짐하고 나면 토하기는 자동으로 줄어들 것이다.

장담컨대, 모든 감정과 정서와 감각은 결국 지나갈 것이다. 감정과 감각이 자연스럽게 흘러가도록 하는 데 익숙해질 때까지 당신의 겁먹은 부분은 내면의 현자에게서 많은 위로와 격려와 안내를 받아야 할 것이다. 이 과정에서 치료사와 영양사의 도움과 지지도 매우 소중하다.

5. 타고난 내 몸을 받아들이고 사랑하고 적절히 움직인다

여기에는 몇 가지 중요한 면이 있다. 쉬운 것, 즉 적절히 몸을 움직이는 것부터 살펴보자. 몸의 신호에 귀 기울일 때 몸이 얼마나 자주 움직이고 싶어 하는지 듣게 된다. 당신의 몸은 거의 매일, 그렇다고 하루 종일은 아니지만 춤추고 뛰고 깡충거리고 수영하고 싶어 한다.

또 쉬면서 기력을 회복하고 싶은 몸의 욕구를 존중하는 법도 배워야 한다. 핸드폰을 생각해보라. 배터리를 재충전하지 않으면 전화를 걸거나 문자를 보내고 앱을 사용하지 못한다. 몸도 마찬가지다. 당신의 한 부분이 쉬고 싶어 불안해하면 당신은 이제 무엇을 해야 하는지 알고 있다. 즉, 호흡으로 내면의 현자 상태로 들어가 차분하고 연민 어린 마음으로 불안한 부분을 달랜다.

어려운 점은, 지금 이 순간 있는 그대로 몸을 수용하고 사랑스럽게 보는 것이다. 쉽지는 않다. 당신이 어떻게 생겼든 충분하지 않다는 메시지로 끊임없이 폭격을 받았기 때문이다.

우리 문화는 인종, 종교, 민족, 성적 지향, 신체장애와 같은 다양성을 받아들이는 방향으로 움직이고 있다. 하지만 여전히 사람들의 체형과 사이즈가 다양하다는 사실은 받아들이지 않는다. 모든 체형과 사이즈가 아름다울 수 있다고 말하지 않는다. 열심히만 하면 몸을 아름답게 바꿀 수 있고 또 그렇게 해야만 한다는 메시지가 넘쳐난다. 연구를 보면 외모의 85%는 유전자가 결정하는데도 말이다.

몸을 받아들이고 사랑하기 위해서는 몸을 혐오하는 모든 생각을 포착해서 멈추고 반박해야 한다. 몸을 혐오하는 것으로 섭식장애를 치료하거나 기본 체형을 바꾼다면, 당신은 이미 날씬하고 '이상적인' 몸을 회복했을 것이다. 몸을 혐오하는 생각은 당신의 모든 부분을 훨씬 더 안 좋게 만들 뿐이다. 그러면 그 부분들은 섭식장애의 증상에 의지한다. 따라서 몸을 혐오하는 것은 효과가 없다는 것을 인정해야 한다.

신체 혐오는 왜곡된 바디이미지에서 비롯된다. 바디이미지란 마음속에서 갖고 있는 자신의 모습이다. 바디이미지에 대한 판단과 비판이 결합되어 신체 혐오가 나타난다. 왜곡된 바디이미지는 아이 부분이 갖고 있는 부정적인 핵심 신념에서 유래한 것으로 당신의 실제 몸과 상관이 없다.

신체 혐오가 몸 자체에서 비롯된 것이 아님을 보여주는 예를 하나 더 살펴보자. 7장 초반에 잠깐 만났던 제이미는 폭식 문제로 치료를 받으러 왔다. 대학에서 연극과 춤을 공부한 그녀는 천성적으로 활달한 사람으로, 생기가 넘치고 사랑스러웠다. 그녀의 크고 둥글게 굴곡진 몸은 내면의 아름다움으로 빛났지만, 그녀 자신은 그것을 보지 못했다.

어렸을 때부터 불안하거나 속이 상할 때, 아주 크고 강한 목소리가 "넌 멍청하고 뚱뚱하고 못생겼어!"라고 자동으로 소리치곤 했다. 이 때문에 그녀는 절망적이고 무가치하다고 느꼈다. 그러면 마비시키는 말썽꾼이 자리를 잡고 먹거나 자거나 TV를 시청하도록 했다.

에이미: 지금 바디이미지로 힘든 시간을 보내고 있는 거 알아요. 우리 비판적인 부분의 말을 들어봐요. 자기 얘기를 들어준다고 느끼면 그 부분이 차분해질지 몰라요.

제이미: 제가 멍청하고 뚱뚱하고 못생겼다고, 누구도 날 사랑해주지 않을 거라고 말해요.

에이미: 그 부분이 당신이 알고 있는 누군가처럼 말하나요?

제이미: 우리 아빠가 제게 그렇게 말하곤 했어요. '네가 그렇게 뚱뚱하지만 않았어도! 입 닥쳐! 그렇게 시끄럽게 굴지 마!' 아빠에게 난 늘 너무 과한 느낌이었어요. 제가 너무 크고, 너무 시끄럽고, 너무 너무한 거 같아서 저를 줄이려고 했어요. 너무 뚱뚱해서 제가 사랑스럽지 않다는 걸 알았어요.

에이미: 그러니까 그 비판적인 부분은 당신 아빠가 했던 말을 메아리처럼 되풀이하는 거네요. 비판적인 부분이 당신을 위해 뭘 하려는 걸까요?

제이미: (비판적인 부분으로서) 난 얘를 안팎으로 작게 만들려고 애쓰고 있어. 그럼 누군가는 얘를 사랑해 줄 테고 그럼 안전하고 안정되고 평화로워질 거야. (소리 내어 웃는다.) 궁극적으로 내가 평화롭기를 바라서 나한테 소리를 지른대요.

에이미: 그래요, 때로 우리 부분들은 말이 안 될 때가 있어요. 이제 이 비판적인 부분에 반응하는 부분을 찾아봐요.

제이미: 어린 소녀예요. 아이는 기분이 안 좋아요. 아녜요, 아이는 자신이 불쾌하다고 생각해요. 자기는 나쁘다고 믿고 있어요. 겁에 질렸어요. '비판자 말이 맞으면 어떡하지? 내가 너무

큰 거면? 내가 너무 과한 거면? 내가 멍청하고 뚱뚱하고 못생겨서 아무도 날 사랑하지 않으면? 내가 뭔가 잘못된 거라면?' 하고 걱정해요.

제이미: (목소리가 아주 어리고 슬퍼진다.) 누구에게나 사랑스러운 면이 있어요. 정말 사랑스럽지 않다면 뭔가 잘못된 거예요. 난 다른 사람들에게 너무 과해요. 너무 크고, 너무 뚱뚱해요.

에이미: 깊이 숨을 한 번 들이마시고 한 걸음 물러서 현자 상태로 들어가세요. 어린 소녀가 보이세요?

제이미: (고개를 끄덕인다.)

에이미: 아이가 너무 큰가요? 아이가 너무 과해요? 아이가 좀 작아져야 할까요? 아이에게 뭔가 잘못된 게 있나요? 사랑스럽지 않아요?

제이미: (힘차게 고개를 젓는다. 부드러운 목소리로 어린 소녀에게 말한다) 아냐, 넌 과하지 않아! 넌 너무 크지 않아! 네 모습 그대로 좋아. 넌 사랑스러워. 내가 널 사랑하니까.

에이미: 아이가 어떻게 반응하나요?

제이미: 안심해요. 다시 차분해졌어요.

에이미: 비판적인 부분의 말 때문에 어린 소녀가 어떤 기분인지 비판적인 부분에게 알려주라고 현자에게 말하세요.

제이미: (심호흡을 하고 단호하지만 차분하게 말한다.) 당신은 어린 소녀에게 말하고 있어요. 겨우 7살짜리 아이가 무가치하다고 느끼게 하고 있어요. 마치 신발 바닥에 뭐가 붙어있는 것처럼요. 당신은 아이에게 상처를 주고 있어요.

에이미: 비판자가 어떻게 반응해요?

제이미: 미안하대요. 그렇게 생각해본 적이 없는 것처럼요. (제이미가 계속 침착하게 비판적인 부분에게 말한다.) 내가 더 나은 사람이 되고 행복하고 사랑받고 만족하기를 당신이 바란다는 건 이해해요. 하지만 바비인형처럼 날씬하거나 예뻐야 한다고 생각하는 게 나를 더 나은 사람으로 만드는 건지 모르겠어요. 우리 정말 중요한 것들을 살펴봐요.

에이미: 이 부분의 긍정적인 의도는 어린 소녀를 안전하고 안심하고 평화롭게 하는 거예요. 당신을 30년 넘게 '멍청하고 뚱뚱하고 못생겼다'고 불러왔기 때문에 이 부분이 다른 말을 하는 데 익숙해지는 데 시간이 좀 걸릴 거예요. 두 사람 모두에게 딱 들어맞는 말을 찾을 때까지 연습을 해야 할 거예요.

제이미: (두 팔을 허공에 흔드는 동안 얼굴에는 큰 미소가 떠오른다.) '위험한 윌 로빈슨!' 옛날 TV쇼 〈우주에서 길을 잃다Lost in Space〉에 나왔던 로봇처럼요.

에이미: 훌륭해요! 당신은 이제 그 부분과 새로운 관계를 시작했어요. 당신들이 이제 같은 팀이라는 걸 기억하세요. 연습을 해야 할 거예요. 만일 그 부분이 또 슬그머니 '멍청하고 뚱뚱하고 못생겼어'라고 하면 멈추고 심호흡을 하고 그 부분에게 '위험한 윌 로빈슨!'이라고 말하라고 상기시키세요.

그다음 주에 제이미는 진척 상황을 얘기하고 싶어 흥분해 있었다.

제이미: 한 주 내내 그 부분을 포착할 수 있었어요. 가끔 그 부분이 '넌 멍…'이라고 하면 제가 잡아채서 '위험한 윌 로빈슨!'이라고 말하게 했어요.

에이미: 음… 왜 그 부분이 '위험한!'이라고 하는지 궁금하네요.

제이미: 불편이나 두려움, 화, 슬픔, 그 밖에 그 부분이 위험하다고 생각하는 감정을 내가 느끼면 그 부분이 위험하다고 말한다는 것을 알게 됐어요. 만일 내가 압도당하면 감정의 홍수에 휩쓸려 일상을 살아갈 힘을 잃어버릴 거예요. 소파에서 나오지도 못할 거고 일자리도 못 지킬 거예요. 아파트도 잃게 되겠죠. 다시 부모님 집으로 들어가야 할 거예요.

에이미: 글쎄요, 그런 일이 일어나면 정말 불편하겠어요. 우리 그런 감정들로 작업을 해서 그들이 당신에게 뭘 원하는지 알아봐요.

제이미와 나는 부분들이 참나에게 원하는 게 무엇인지 알기 위해 제이미의 모든 부분과 작업했다. 부분들은 내면의 현자를 신뢰하는 법을 배우게 되면서 차분해졌고 촉발되는 빈도도 줄었다. 제이미는 자기 몸을 더 편안하게 느꼈고 그 결과 폭식도 줄어들었다. 덕분에 적정 체중으로 서서히 변화하기 시작했다. 제이미는 사회가 칭송하는 '이상적인' 체형보다 더 둥글고 굴곡진 자기 몸을 좋아했다.

너무 뚱뚱하고 너무 크고 너무 과하다는 느낌이 들면 언제든 내면의 현자 상태로 호흡해 들어간다. 고요히 애정 어린 연민과 호기심을 가지고 "나의 어떤 부분이 너무 크거나 과하다고 느끼지?"라고 묻는다. 용기 내어 "누구에게 과한 거야? 내가 큰 게, 내가 과한 게 왜 불편하지?"라고 묻는다.

당신 내면의 현자는 생각보다 몸무게가 더 나가더라도 당신의 몸을 받아들이도록 사랑으로 도울 수 있다. 현자는 몸이 날마다 당신을 위해 하는 모든 것을 이해하도록 돕는다. 몸이 기대보다 더 크더라도 서서히, 서서히 회복하면서 (이 과정의 속도를 높일 수 없다) 건강한 몸무게로 변하게 된다.

회복은 완벽하지 않을 것이다

회복에 부침이 있다는 것을 예상해야 한다. 며칠 성공한 후 다시 섭식장애 행동으로 후퇴할지 모른다. 회복 과정에서 이런 일이 되풀이해 일어날 것이다. "나 못해. 절대 회복되지 않을 거야!"라고 낙담하는 부분이 있을 것이다.

미끄러지고 넘어지는 것은 불가피한 일이다. 폭식이나 토하기, 운동 과다, 굶기로 퇴보할 때 실패라고 여기지 말고 당신의 참나와 부분들에 대해 배울 기회로 생각하라.

회복 여정 동안 내가 낙담했을 때 치료사에게서 받은 충고를 나누고 싶다. 그녀는 종이에 선을 하나 그리고 (그림 9.1) "이게 당신이 상상하는 회복이에요"라고 말했다.

그리곤 선을 하나 더 그리고 (그림 9.2) "실제 회복은 이런 모습이죠"라고 말했다.

그녀는 아래로 내려간 지점에 원을 그리고선 "여기가 지금 당신이 있는 곳이에요. 하지만 보세요! 내려간 지점 다음에는 성장기가 있어요. 당신은 지금 상승하기 직전이에요!"

자, 당신이 회복과정에서 하강점에 있을 때 내면의 현자 안으로 호흡해 들어가 호기심과 연민으로 넘어진 곳을 보라. "뭣 때문이었을까? 내 부분들이 날 위해 뭘 하려고 한 걸까? 부분들이 내게 원하는 게 뭘까?"라고 스스로에게 물어보라. 한 걸음 물러서서 객관적으로 자신에게 물어보라. "이와 똑같은 일이 친구에게 일어났다면 나는 뭐라고 말할까? 어떻게 하라고 권할까?"

치료사나 영양사, 지지하는 친구에게 연락하라. 섭식장애 행동으로 퇴보할 경우를 대비해 계획을 세울 수 있도록 도와달라고 요청한다. 계획을 카드에 적어서 가지고 다닌다.

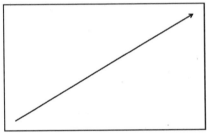

그림 9.1 상상하는 회복 그래프

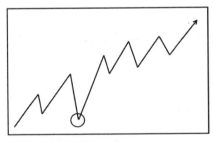

그림 9.2 실제 회복 그래프

240

마법의 다이어트는 없다

다시 체중이 늘지 않도록 무엇을 언제 어떻게 먹으면 되는지 알려주기를 원하는 부분이 당신 안에 아직 있을 수 있다. 사실 이 부분은 여전히 당신이 몇 킬로그램을 더 빼기를 원한다.

다시 반복하지만, 체중감량을 목표로 하는 것은 섭식장애 회복과 양립할 수 없다.

(실망시켜서 미안하지만) 마법의 다이어트 비법은 없다. 설령 있다고 해도 내가 알려 주지는 않을 것이다. 첫째, 마법의 다이어트가 당신과 당신의 몸이 필요로 하는 것을 어떻게 알까? 당신 몸이 원하는 영양분은 매일, 때로는 매시간 바뀐다.

둘째, 다이어트는 다른 사람이 정해놓은 규칙대로 살게 만든다. 그것은 당신 자신의 참나 에너지로 사는 것과 정반대이다.

셋째, 다이어트는 자기 몸에 귀 기울이는 법이나 몸을 신뢰하는 법을 가르쳐주지 않는다. 다이어트는 더 큰 문제에 대한 일시적인 해결책일 뿐이다. 당신의 부분들은 굶거나 폭식하고, 토하고, 운동하게 하는 근본 문제를 다루지 않는다. 뇌종양으로 인해 생긴 두통에 진통제를 먹는다고 상상해보라. 날마다 자신의 몸을 혐오하고 증오하도록 부추기는 노릇을 내가 할 수는 없지 않은가.

나는 다이어트가 효과가 없다고 굳게 믿지만, 식사 계획은 지지한다. 식사 계획은 회복 기간 중에 사용할 수 있는 중요한 도구이다. 영양사와 함께한다면 영양사의 목표는, 당신이 궁극적으로 자기 몸에 귀 기울이고 몸이 건강해지는 데 무엇이 필요한지 알고 있다는 걸 신뢰하게 만드는 것이다.

다양한 도구를 배워 도구상자를 채우면서 당신은 참나와 부분들이 서로 조화를 이룰 것이라고 신뢰하게 될 것이다. 몸을 신뢰하는 법, 몸이 무엇을 원하는지, 먹는 양과 빈도는 어떠해야 하는지 알게 될 것이다. (흠… 회복 도구상자, 다음 책의 제목이 될 것 같다!)

마법 지팡이는 없다

아무 노력을 하지 않아도 자고 일어나면 회복되어 있기를 바라는 부분이 마음 깊은 곳에 있을 것이다. 다시 한번 실망시켜 미안하지만, 회복은 빠르지도 쉽지도 않다. 그랬다면 이미 몇십 년 전에 회복되었을 것이다.

작업을 하고, 기술을 훈련하고, 새로운 습관을 만들고, 대안을 찾아내고, 핵심 신념을 치유하고, 회복 도구상자에 넣을 새로운 도구들을 배워야만 한다. 회복되었다고 삶이 갑자기 완벽해지진 않는다. 계속 문제가 있을 것이다. 하지만 당신이 참나 에너지를 갖고 있으므로 내면의 현자가 연민을 가지고 그런 문제를 차분하고 용기 있게 다룰 것이다.

회복은 가치 있다

회복은 어려운 과정이고 오래 걸린다. 이 이야기를 듣고 나서 "왜 그렇게까지 애를 써야 해?"라고 물을지 모르겠다. 내가 만나본 회복한 사람들은 그만한 가치가 있다고 말한다. 그들은 자유를 찾았다. 자기애와 자기 수용, 내면의 평화와 만족을 찾았다. 마침내 자신이 누구인지, 누구였는지 알았고, 자신을 좋아하게 되었다. 그들은 만족스럽고 건강하게 사람을 만날 수 있다. 그들은 더 깊은 삶의 목적과 의미를 찾았다. 당신도 그럴 것이다.

참나를 되찾으면 내면의 공허함이 채워지고 당신이 충분하다는 것을 알게 된다. 내면의 현자를 발견하고 필요할 때마다 그녀의 연민, 호기심, 고요함에 접촉할 수 있다. 당신이 필요로 하는 모든 대답은 이미 당신 내면에 있다. 현자는 숨 한 번 들이쉬면 되는 거리에 있다.

내면의 현자는 자신을 있는 그대로 받아들여도 괜찮다는 점을 안다. 당신 자신이 되는 것, 당신의 감정을 느끼는 것, 당신의 생각을 하는 것, 당신의 행동을 하는 것, 모두 괜찮다. 당신이라는 존재를 축하하라. 당신은 고유한 개인이다. 당신과 같은 사람은 어디에도 없다. 당신은 있는 그대로 완벽하다. 당신의 기질, 재능, 강점의 고유함을 받아들이는 것처럼 한계와 무능력, 약점이 있는 게 정상임을 받아들일 수 있다. 사랑받기 위해 모든 것을 완벽하게 할 필요는 없다. 당신은 이미 사랑스럽다. 다른 사람이 되려고 애쓸 필요는 없다. 당신은 이미 있는 그대로 완벽하다.

마음속 깊이 자신이 충분하다는 사실을 알면 다른 사람과도 진정으로 건강하게 관계 맺을 수 있다. 세상에는 놀라운 사람들이 많고, 당신이 준비되면 그들이 당신의 삶에 나타날 것이다.

내면의 현자는 당신의 몸이 고유하다는 점을 알고, 당신은 세상에 다양한 몸이 있음을 기뻐할 수 있다. 다른 사람들처럼 될 필요가 없다. 당신의 몸은 이미 아름답고 사랑스럽다.

내면의 현자는 당신이 당신의 몸보다 훨씬 더 큰 존재임을 안다.

몸은 그저 가고 싶은 곳으로 데려다주는 수단일 뿐이다. 8장의 질문에 대한 답으로 돌아가보라. 당신은 무엇을 가치 있게 여기는가? 어떻게 당신의 인생을 살고 싶은가? 다른 사람들이 어떻게 기억해주기를 바라는가? 101살까지 살 수 있도록 당신의 몸을 사랑하고 돌봐야 한다.

회복에 전념하기

회복에 전념하라. 눈을 감고, 몸이 무엇을 원하는지 현자에게 물어보라. 그것을 카드에 적어 매일 볼 수 있는 곳에 놓아둔다.

매일 회복을 연습할 순간을 찾는다. 처음에는 의식적으로 매일 연습해야 할 것이다. 미끄러질 때마다 실수에서 배우고 성공할 때마다 자축하라. 부지런하게 연습하면 회복을 유지하는 것이 제2의 천성이 될 것이다.

먹는 것에 관한 생각을 멈추고 인생을 살아가는 법을 배워야 한다. 수업을 듣고 동아리에 가입하고 취미를 찾고 직업을 바꿔라. 새로운 친구를 사귀고 어쩌다 보니 연락이 끊긴 옛친구들과 다시 연락하라. 저 바깥에 엄청난 풍요로움이 당신을 기다리고 있다. 손을 뻗어 붙잡기를 권한다.

당신은 무슨 일이 생겨도 대처할 수 있는 자원을 가진 능력 있고 유능한 사람이다. 당신의 힘을 되찾아라. 당신의 목소리를 되찾아라. 자기 생각을 소리 내어 말하는 법을 배우고 때로 "아니오!"라고 말하라.

자신을 돌보는 것과 타인을 돌보는 것 사이에 균형을 찾아라. 노숙자를 위해 집을 짓든지, 정치 캠페인에 참여하든지, 미숙아를 위해 모자를 뜨든지, 이웃 노인을 위해 눈을 치우든지 뭐든 자신에게서 빠져나와 다른 사람을 도우라. 다른 사람에게 되돌려주는 일은 회복에 큰 도움이 된다.

영적으로 자신과 다시 연결하라. 자연 속에서 산책하고 별을 바라보고 명상하고 기도하라. 자신보다 더 큰 무언가와 연결되어 있다는 느낌을 가져라. 당신은 혼자가 아니다.

당신을 생각하면 나는 정말 신이 난다! 당신은 자기를 돌보는 여정에서 이미 많은 발걸음을 옮겼다. 이 여정에 당신의 모든 부분을 초대하라고 권하고 싶다.

나마스떼,

에이미

회복을 돕는 질문들

아래 질문들을 혼자 조용히 숙고할 수 있는 시간을 갖는다. 스스로에 대해 배운 것을 기록할 수도 있다. 당신의 답을 치료사와 공유할 것을 권한다.

1. 이 장을 읽는 동안 당신에게 불쑥 나타난 부분들을 알아차렸는가? 어떻게 당신은 그 부분들에게 옆으로 물러나 당신이 참나 에너지 상태로 돌아가도록 요청할 수 있었나?
2. 내면의 현자에게 접촉하는 연습을 위해 당신은 어떤 일상

의 의례를 만들었나?

3. 바로 지금, 어떤 감정이나 감각이 있는지 알아차려보라. 그중에 참나의 특성이 있는가? 참나의 특성이 아닌 것이 있다면 어떤 부분이 활성화되었나? 이 부분이 필요로 하는 것이나 당신에게 하려는 말은 무엇인가?

4. 당신의 몸은 배고프다는 신호를 어떻게 보내는가? 배가 부를 때 당신은 어떤 신호를 받는가?

5. 마음챙김을 하며 음식을 먹을 수 있는 한 가지 방법이 있다면 그건 무엇인가? 어떻게 먹으면 배가 부를 때 수저를 놓을 수 있을까?

6. 당신이 '(먹는 문제를) 잊어버리고 삶을 살아가는 법'을 배우는 동안 내면의 현자는 어떤 방법으로 부분들을 진정시키는가.

7. '삶을 계속 살아가는 것'이 당신에게는 어떤 모습인가? 당신이 '인생을 살아가고 있다'는 신호는 무엇인가?

8. 몸을 혐오하는 생각을 어떻게 포착하고 멈추고 의심할 것인가?

9. 잠시 시간을 내어 회복 도구상자에 있는 도구의 목록을 만든다. 당신이 배운 모든 것에 기꺼이 놀라움을 느끼도록 하라.

옮긴이

백윤영미

대학에서 극작과 사회학을 공부하고, 서울불교대학원대학교에서 자아초월상담학 전공으로 석사 학위를 받았다. 현재 '가치성장과 치유센터'를 운영하며 내면가족시스템치료(IFS), 몸의 지혜를 따르는 트라우마 치유(SE® · TRE® · 가족 세우기), 드라마치료 등으로 상처 입은 이들의 전일적인 치유와 성장을 안내하고 있다.
저서로 『페미니즘으로 다시 쓰는 옛이야기』(공저), 역서로 『내 안의 가부장』(공역), 『IFS 첫 걸음, 내가 왜 그랬지?』, 『마더피스 타로』(공역) 등이 있다.

이정규

대학과 대학원에서 천문학을 전공했고, 미국 비리디스Viridis 대학원대학교에서 생태심리학 박사과정을 수료했다. 현재 서울시립과학관 관장으로 138억 년 우주진화사를 현대의 기원이야기이자 생태적 세계관으로 전하며 기후위기 대응에 힘을 보태고 있다.
생태와 치유 분야의 국제 워크숍 통역과 책 번역을 꾸준히 하고 있다. 저서로 『우주산책』, 역서로 『기원이야기』(공역), 『무언의 목소리』(공역), 『내 안의 가부장』(공역), 『자비로움』, 『경이로움』, 『내면작업』 등이 있다.

초판 1쇄 인쇄 | 2021년 3월 17일
초판 1쇄 발행 | 2021년 3월 25일

지은이 | 에이미 얀텔 그래보스키
옮긴이 | 백윤영미, 이정규
펴낸이 | 문채원
편집 | 이은미
디자인 | wonderland

펴낸곳 | 도서출판 사우
출판 등록 | 2014-000017호
전화 | 02-2642-6420
팩스 | 0504-156-6085
전자우편 | sawoopub@gmail.com

ISBN 979-11-87332-63-3 03180